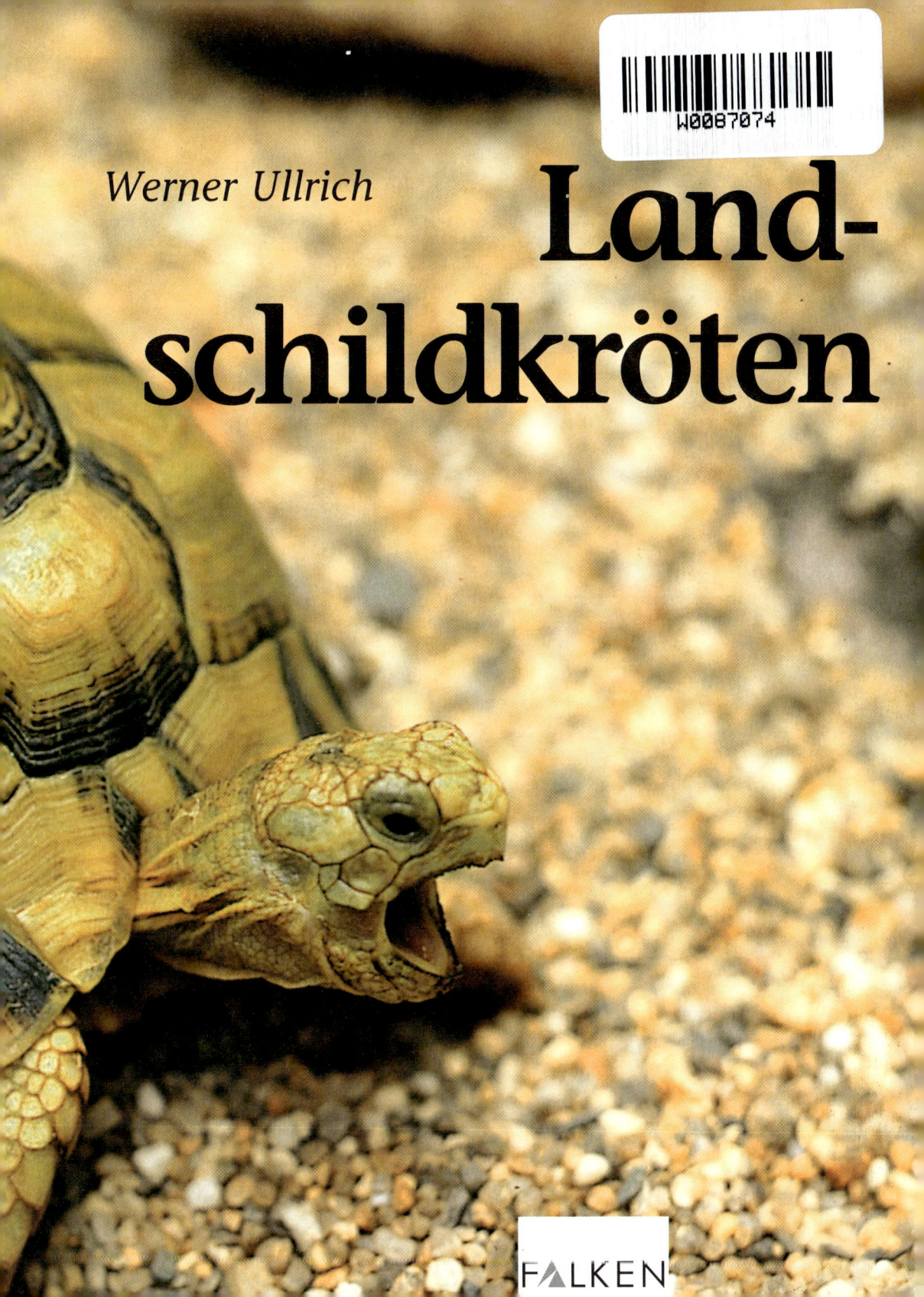

Werner Ullrich

Land-
schildkröten

FALKEN

Inhalt

Schildkröten sind echte Experten im Überleben

Die gepanzerten Ur-Tiere bevölkern die Erde seit rund 200 Millionen Jahren. Große Klimaveränderungen und Naturkatastrophen haben sie erfolgreich überstanden. Daher sind Schildkröten lebende Fossilien.

Die Heimat der Maurischen Landschildkröte ist Südeuropa und Nordafrika. Sie lebt in steppenartigen Landschaften mit wenig Bewuchs.

Körperbau und Sinne

Rückenpanzer

Obwohl die Mehrzahl der Schildkrötenarten zu Wasserbewohnern wurde, sind Landschildkröten offenbar der ursprünglichen Lebensweise ihrer Vorfahren treu geblieben. Bei ihnen findet man auch noch einen vollständig verknöcherten, verhältnismäßig festen Panzer. Eine Ausnahme bildet die Spaltenschildkröte *(Malacocherus tornieri)*, da diese sich im Laufe der Evolution an einen besonderen Lebensraum anpassen musste. Es bleibt dennoch fraglich, ob die heutigen Landschildkröten unmittelbare Nachfahren der ursprünglichen landbewohnenden Schildkröten sind, denn die Form ihrer Füße weist ebenfalls bereits auf eine Spezialisierung hin.

Es gibt auch Sumpfschildkröten (Familie *Emydidae*), die wieder zu Landbewohnern wurden und von Gewässern unabhängig sind. Hierzu gehören zum Beispiel die Dosenschildkröte *(Terrapene ornata)* und die Erdschildkröte *(Rhinoclemmys rubida)*. Dennoch werden sie von den Fachleuten nicht als Landschildkröten bezeichnet. Die echten Landschildkröten gehören einer eigenen Familie an, der Familie *Testudinidae*.

Skelett und Panzer

Bauchpanzer

Landschildkröten haben im Allgemeinen einen starren Panzer, in den sie bei Bedarf problemlos den Kopf einziehen können. Ihre Vorderbeine winkeln die Tiere dann so an, dass sich ihre Ellenbogen-Gelenke vor der Schnauze berühren. Da sie häufig mit besonders kräftigen Schuppen besetzt sind, bilden die Vordergliedmaßen in dieser Position einen wirkungsvollen Schutz des Kopfes. Ihre Hinterbeine ziehen Landschildkröten so weit in die hinteren Panzeröffnungen, dass oft nur noch ihre kräftigen Sohlenflächen nach außen ragen, häufig umgeben von starken Schuppen. Abweichungen vom starren Panzer findet man bei den Gelenkschildkröten *(Kinixys-Arten)*, denn bei ihnen bildet sich mit zunehmendem Alter im hinteren Rückenpanzerbereich ein Scharnier.

Bemerkenswert ist bei Schildkröten, dass die Wirbelsäule mit dem Rückenpanzer fest verbunden ist. Ist ihr Rückenpanzer krankhaft weich, sind auch die Wirbelsäule und die übrigen Knochen zu weich.

Geschlechtsmerkmale

Bei erwachsenen Schildkröten ist es recht einfach, das Geschlecht zu bestimmen, denn der Schwanz der Männchen ist an der Basis immer dicker und meist ist er auch etwas länger, denn im Schwanz ruht der zu Paarung ausstülpbare Penis. Bei Jungtieren lässt sich das Geschlecht äußerlich nicht bestimmen. Will man züchten, sollte man mehrere Jungtier erwerben in der Hoffnung, beide Geschlechter zu bekommen oder gleich ausgewachsene Tiere kaufen. Erwachsene Schildkröten sind allerdings teurer. Außerdem liegt bei den Männchen die Kloakenöffnung vom Hinterrand des Bauchpanzers weiter entfernt.

Ein weiteres Merkmal ist die Form des Bauchpanzers. Vor allem bei Arten mit sehr hoch gewölbtem Rückenpanzer wäre es schwierig für die Männchen, bei der Paarung auf dem Rücken des Weibchens Halt zu finden. Daher ist bei den Männchen der Bauchpanzer je nach Art mehr oder weniger stark konkav eingedellt. Zudem ist der Bauchpanzer bei ihnen oft auch etwas kleiner als bei den Weibchen.

Ausgewachsene Männchen bleiben gewöhnlich kleiner als Weibchen und haben auch einen kleineren Bauchpanzer.

Weibliche Schildkröte

Männliche Schildkröte

Kopf- und Schwanzwirbel sind beweglich, die Wirbel des Rückenabschnitts sind mit dem Panzer verbunden.

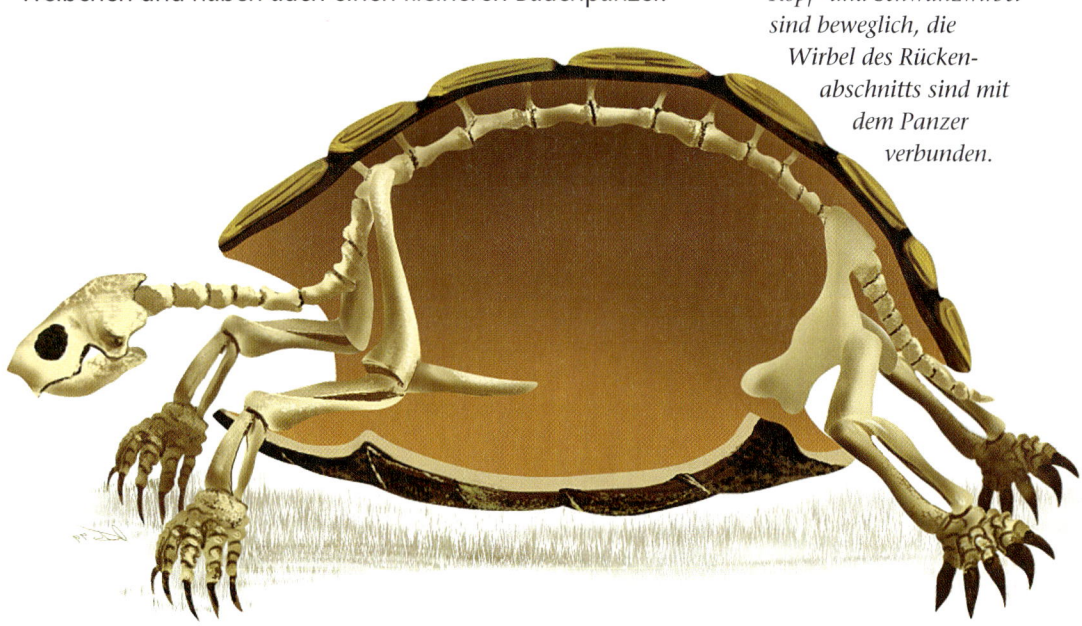

Die Färbung

Unsere europäischen Landschildkröten haben eine relativ einfache, aber zweckmäßige Färbung und Zeichnung. Auf dem gelblich-grünlich-bräunlichen Grund befinden sich je nach Art oder Unterart einige schwarze Flecken. In ihrem Lebensraum sind die Tiere dadurch vorzüglich getarnt und werden, wenn sie sich zwischen Pflanzen ruhig verhalten, leicht übersehen. Auch die mit einer hübschen Strahlenzeichnung ausgestatteten Arten, wie die in Asien lebende Sternschildkröte *(Geochelone elegans)*, auf Madagaskar lebende Strahlenschildkröte *(Geochelone radiata)*, oder in Südafrika beheimateten *Psammobates*-Arten sind durch ihre Zeichnung in ihrem Lebensraum gut getarnt. Bemerkenswert ist, dass sich die asiatische Sternschildkröte und *Psammobates geometricus* aus Afrika so ähnlich sehen, dass sie von Laien kaum zu unterscheiden sind.

Tarn- und Signalfarben

Indische Sternschildkröte

Diese Tarnung erübrigt sich bei groß werdenden Landschildkröten. Daher sind jene oftmals einfarbig grau bis dunkelgrau oder mittel- bis dunkelbraun. Selbst die europäischen, später an einen Feuerwehrhelm erinnernde Breitrandschildkröte *(Testudo marginata)* wird mit zunehmendem Alter immer dunkler bis fast schwarz. Als Jungtiere haben sie aber noch die tarnende Fleckenzeichnung, da vor allem junge Landschildkröten sehr vielen natürlichen Feinden ausgesetzt sind. Aus diesem Grund haben auch die Jungtiere anderer Arten oft eine wesentlich lebhaftere Färbung und Zeichnung als erwachsene Exemplare. Häufig setzt sich diese Tarnfärbung auf den Gliedmaßen und am Kopf fort.

Breitbandschildkröte

Bei den beiden *Indotestudo*-Arten *(Indotestudo elongata, Indotestudo forstenii)* erscheinen zu Beginn der Fortpflanzungszeit an den Kopfseiten, bzw. im Nasenbereich einige rote Flecken. Diese haben vermutlich eine Signalwirkung auf fortpflanzungsbereite Partner. Auch bei der kleinen afrikanischen Art *Homopus areolatus* zeigten sich zur Fortpflanzungszeit schon Rotverfärbungen im Nasenbereich. Beobachtungen zeigen, dass die Männchen beim Anblick solcher Weibchen sofort mit der Werbung beginnen und diese Weibchen unablässig verfolgen.

Am häufigsten wird die Griechische Landschildkröte als Heimtier gehalten und vermehrt.

Unterarten

Bei der systematischen Zuordnung der Unterarten spielt neben der Gestalt häufig auch die Zeichnung eine entscheidende Rolle. So kennt man von der Griechischen Landschildkröte *(Testudo hermanni)* zwei Unterarten, die sich vor allem durch ihre Färbung und Zeichnung unterscheiden. Bei der Nominatform *(T. h. hermanni)* findet man im Gegensatz zur Unterart *Testudo h. boettgeri* hinter den Augen einen hellen, gelblichen Fleck, und die schwarzen Flecken auf dem Bauchpanzer bilden zwei deutliche breite, schwarze Bänder.

Auch von der Maurischen Landschildkröte *(Testudo graeca)* gibt es einige Unterarten, die man vor allem aufgrund ihrer Färbung und Zeichnung voneinander unterscheiden kann. Eine der schönsten Unterarten lebt in Tunesien. Sie wird von den meisten Systematikern zwar immer noch der Nominatform zugerechnet, jedoch gehen die Meinungen darüber sehr auseinander. Zahlreiche Merkmale deuten darauf hin, dass es sich um eine eigene Art handelt und sogar um einen Vertreter einer eigenen Gattung *(Furculachelys nabeulensis)*.

> **ACHTUNG**
> Die Jungtiere der europäischen Landschildkröten-Arten sehen sich so ähnlich, dass man sie nicht leicht auseinander halten kann. Bei ihnen muss man besonders genau auf die Unterscheidungsmerkmale achten!

Die Atmung

Ihr starrer Panzer macht es Schildkröten unmöglich, durch Volumenveränderungen des Brustkorbes das Volumen der Lungen zu ändern. Deshalb müssen andere Einrichtungen dabei helfen, denn sonst wäre in den Lungen kein Gasaustausch (CO_2 gegen O_2) möglich. Bei den Schildkröten werden die Lungenflügel durch spezielle Lungenmuskeln aktiv zusammengepresst und die sauerstoffarme Luft durch die Luftröhre und das Maul nach außen gedrückt. Erschlaffen die Muskeln, strömt beim Entfalten der Lungenflügel frische Luft hinein. Der Atemvorgang ist gewöhnlich geräuschlos.

Während ihrer Winterstarre wird bei den Schildkröten aus gemäßigten Klimabereichen der Stoffwechsel erheblich reduziert. Da keine wesentliche Verbrennung von Nährstoffen stattfindet, ist auch der Sauerstoffbedarf recht gering. Deshalb genügt es, wenn Landschildkröten in der Winterstarre nur ab und zu atmen.

Die Sinnesleistungen

Mit Hilfe ihrer Augen orientieren sich die Schildkröten räumlich, erkennen Gefahren und am Stand der Sonne die Himmelsrichtung, finden Nahrung und einen Partner. Bei der Suche nach Nahrung und Partnern werden sie von ihrer Nase unterstützt.

In der Blütezeit suchen Landschildkröten oft gezielt nach gelben und rötlichen Blüten und später auch nach auffällig gefärbten Früchten. Würmer, Schnecken und Insektenlarven erkennen sie an ihren Bewegungen. Häufig wird die tierische Kost vor dem Zuschnappen ausgiebig berochen. Welcher Schildkrötenpfleger kennt dies nicht: Sobald man das Zimmer oder die Freilandanlage betritt, in denen sich die Landschildkröten befinden, kommen sie manchmal angelaufen, da sie mit dem Erscheinen des Pflegern eine Fütterung verbinden.

Mit Hilfe ihrer Nase erfahren Landschildkröten ebenfalls, ob es sich bei der Begegnung mit anderen Schildkröten nur um einen Artgenossen oder vielleicht sogar um eine geschlechtlich interessante Partnerin handelt. Denn geschlechtsreife Weibchen sondern zur Paarungszeit aus bestimmten Drüsen im Analbereich chemische Stoffe aus.

Nur eine geringe Bedeutung haben die Ohren. In der Vergangenheit ging man davon aus, dass Schildkröten grundsätzlich taub sind. Sie haben zwar ein deutlich ausgeprägtes Trommelfell, jedoch scheint das Hörvermögen nicht sehr weit entwickelt zu sein, obwohl das Ohr eigentlich recht kompliziert gebaut ist. Tests haben ergeben, dass Schildkröten lediglich niedrige Frequenzen bis etwa 1000 Hertz hören können. Im Wesentlichen können sie jedoch nur tiefere Töne zwischen 200 und 500 Hertz wahrnehmen. Schildkröten haben auch keine Möglichkeit, als Kommunikationsmittel Laute auszustoßen. Lediglich Männchen geben bei der Paarung ächzende, krächzende oder fauchende Laute von sich.

Ein weiteres Sinnesorgan ist der Seismische Sinn. Mit ihrer gesamten Oberfläche können Schildkröten selbst geringe Erschütterungen wahrnehmen und dadurch recht schnell herannahende Feinde oder Störenfriede registrieren.

Auch dem Temperatursinn kommt eine Bedeutung zu, da es sich bei Schildkröten um wechselwarme Tiere handelt. Zwischen den äußeren Hornschildern und den inneren Knochenplatten befindet sich eine lebende Hautschicht, die mit Blutgefäßen und Nerven durchzogen ist.

> **WICHTIG**
> Während der Winterstarre dürfen Schildkröten nicht luftdicht verpackt werden, da sie sonst ersticken können!

Mit den Augen ❶ *erkennen Schildkröten am Stand der Sonne die Himmelsrichtung, aber auch Artgenossen, ihren Halter und Futter, unterstützt von der Nase* ❷. *Mit dem ganzen Körper* ❸, *auch dem Panzer, nehmen sie Erschütterungen wahr.*

11

Lebensweise

TIPP Von Landschild-
kröten werden
vor allem gerne
saftige Früchte
und Dickblattgewächse
verzehrt, da sie einen hohen Flüssigkeitsanteil haben!

Der schwere Panzer lässt bei den Landschildkröten keine ausdauernde, sehr schnelle Fortbewegung zu. Daher sind sie auch keine Jäger, sondern ernähren sich überwiegend von pflanzlicher Kost. Die meisten Landschildkröten verschmähen aber auch tierische Kost nicht und fressen Würmer, Insektenlarven, Schnecken und Aas. Ihr Leben wird durch einen Jahresrhythmus und die Bedingungen innerhalb ihres Lebensraumes bestimmt.

Temperaturen und Aktivitäten

Vor allem für Landschildkröten in heißen Trockengebieten ergibt sich das Problem, tagsüber einer möglichen Überhitzung entgehen zu müssen. In Anpassung an solche Gegebenheiten graben sich einige Landschildkröten-Arten aus jenen Bereichen zum Teil recht tiefe Gänge in das Erdreich *(Testudo horsfieldii, Gopherus spec.)*. Aber auch Landschildkröten gemäßigter Breiten kennen innerhalb ihres Lebensraumes kühle Hohlräume unter Felsen, Mauern und andere Verstecke.

Demgegenüber ist es für Landschildkröten kühlerer Bereiche erforderlich, bei zu niedrigen Körpertemperaturen sonnige Plätze aufzusuchen, an denen sie ihre »Betriebstemperaturen« erreichen können. Erst wenn sie diese erreicht haben, fressen Schildkröten und können auch Nahrung verdauen.

ACHTUNG
Wie alle Reptilien sind
auch Schildkröten wechselwarme Lebewesen, das
heißt, sie sind stets von
den Außentemperaturen
abhängig!

Winterstarre/Sommerruhe

Landschildkröten aus gemäßigten Breiten verfallen in der kühlen Jahreszeit zwangsläufig in eine Winterstarre. Bereits während der sinkenden Außentemperaturen suchen sie rechtzeitig eine frostsichere Stelle auf.

Landschildkröten der Regionen, in denen es im Laufe des Jahres besonders heiß wird, fallen oft ebenfalls in einen »schlafähnlichen« Zustand. Die Körperfunktionen werden dabei sehr vermindert, so dass die Tiere in dieser Zeit von ihren Körperreserven leben können. Werden die Außentemperaturen wieder erträglich, erwachen die Schildkröten, verlassen ihr Versteck und suchen nach Nahrung oder einem Partner.

In den Tropen und Subtropen unterliegen die Landschildkröten nur relativ geringen Temperaturschwankungen. Eine Winterstarre oder Sommerruhe gibt es für sie nicht.

Der Lebensraum der Gelenkschildkröten sind die weiten, steppenähnlichen Ebenen in Kenia.

Ernährung und Flüssigkeitsbedarf

In der Natur bietet sich für viele Landschildkröten nur nach Niederschlägen die Möglichkeit, einmal Wasser trinken zu können. Dabei tauchen sie oft den Kopf völlig unter und trinken ausgiebig. Deshalb sind freilebende Schildkröten mit dem Ausscheiden von Flüssigkeiten sehr zurückhaltend. Oft ist der Urin bis auf eine weißliche Masse konzentriert. Auch in ihren Analblasen (Aussackungen des Darmes im Enddarm-Kloakenbereich) können bestimmte Landschildkröten, z. B. Gelenkschildkröten (*Kinixys*-Arten) für »Notzeiten« Wasser speichern. Zu diesen Notzeiten gehört neben Trockenzeiten häufig auch die Zeit der Eiablage. Hat ein legereifes Weibchen einen günstigen Brutplatz für seine Eier gefunden, entleert es oft seine Analblasen darüber und weicht dadurch den Boden auf.

Gelenkschildkröten

13

Fortpflanzung

TIPP Planen Sie die Anschaffung von Landschildkröten, achten Sie auf möglichst gleich große, bzw. gleich alte Exemplare, damit sich die Schildkröten auch problemlos paaren können!

Man kann nicht ganz ausschließen, dass der Fortpflanzungszyklus bei Schildkröten durch genetisch festgelegte Faktoren gesteuert wird. Andererseits konnte man aber nachweisen, dass der Jahresrhythmus mit seinen Klimaveränderungen den Lebensrhythmus der Schildkröten bestimmt und somit auch deren Fortpflanzungszyklus.

Bei männlichen europäischen Landschildkröten sind zum Beispiel vom Sommer bis zum Herbst die Hoden deutlich größer und produzieren Spermien. Diese werden bis zur Paarungszeit im nächsten Frühjahr gespeichert. Bei den Weibchen beginnen im Herbst in den Eierstöcken die Follikel mit dem Wachstum. Ihren größten Durchmesser erreichen sie rechtzeitig im Frühjahr zu Beginn der Paarungszeit.

Auch tropische Landschildkrötenarten erfahren innerhalb ihres Lebensraumes Klimaveränderungen (Trockenzeit/Regenzeit). Dabei sind bei vielen Arten die Paarungszeiten so ausgerichtet, dass die Entwicklung der Jungtiere rechtzeitig zu Beginn der Regenzeit abgeschlossen ist. In dieser Zeit können sie leichter die Nistgrube verlassen und finden auch ein reichliches Nahrungsangebot vor.

Werbung

Begegnet in der Fortpflanzungszeit ein Landschildkröten-Männchen einer möglichen Partnerin, wird diese erst einmal beschnuppert, vor allem in der Kloakenregion. Ist der andere Artgenosse ebenfalls ein Männchen, klärt sich dieser Irrtum schnell auf und es kommt oft zu Rammstößen, die den Schwächeren zur Flucht veranlassen. Ist es eine sexuell interessante Partnerin, beginnt nun eine Verfolgungsjagd. Gewöhnlich rammen die Männchen auch gegen den Panzer der Auserwählten und versuchen, durch Bisse in ihre Vorderbeine ihre Flucht zu verhindern.

Paarungsunwillige Weibchen ergreifen dennoch bei Gelegenheit die Flucht, während paarungsbereite es zulassen, dass das Männchen aufreitet. Häufig werben mehrere Männchen um ein Weibchen. Sie behindern sich gegenseitig und es kommt erst nach Stunden oder Tagen zu einer Paarung.

Paarung

Beim Aufreiten stützt sich das Männchen mit den Vorderbeinen auf dem Rückenpanzer des Weibchens ab und bemüht
sich nun, seinen Schwanz in die Nähe der weiblichen Kloake
zu bringen. Hat es die Kloakenöffnung gefunden, lässt es seinen sonst im Schwanz verborgenen Penis hineingleiten, und
es erfolgt die Samenabgabe. Die Vereinigung selbst ist nur
von kurzer Dauer.

Nach dem Aufreiten, vor der eigentlichen Paarung und
währenddessen stoßen Landschildkröten-Männchen mit weit
geöffnetem Maul Laute aus, die je nach Landschildkrötenart
und Größe recht hoch aber auch brummend tief klingen können. Möglicherweise liegt der Grund nur in der Erregung des
Männchens.

Beißbewegungen in den Nackenbereich – wie sie bei vielen
Sumpf- und Wasserschildkröten vor und während der Paarung zu beobachten sind, kennt man von den Landschildkröten nicht. Will das Weibchen bei der Paarung fliehen, zieht es
das mit dem Penis verankerte Männchen hinter sich her.

> **WICHTIG**
> Um die Geschlechtsorga-
> ne zur Produktion von Ei-
> und Samenzelle zu ani-
> mieren, ist für einige
> Schildkröten-Arten eine
> Winterruhe/Winterstarre
> unbedingt erforderlich!

*Griechische Landschild-
kröten bei der Paarung:
Das Männchen muss
ganz schön »arbeiten«.*

Eiablage

TIPP Selbst für einen Beobachter der Eiablage ist es später schwierig, den genauen, gut getarnten Platz der Nisthöhle anzugeben. Streuen Sie vor der Eiablage anders gefärbten Sand oder Erde über den möglichen Eiablageplatz. Ist er durchmischt, hat die Eiablage stattgefunden!

Bevor die Weibchen mit dem Graben einer Nisthöhle beginnen, prüfen sie oft mit der Nase erst einmal den Platz auf seine Eignung und führen auch einige Probegrabungen durch. Anschließend heben sie mit den Füßen einen senkrechten Stollen aus, an dessen Ende mit den Krallen eine Kammer gekratzt wird. Ist das Werk vollbracht, ruht sich die Schildkröte erst einmal aus. Inzwischen haben auch die Wehen stärker zugenommen, und das Weibchen richtet sich hin und wieder auf den Hinterbeinen auf. Bald schwillt der Schwanz an und am Kloakenausgang erscheint das erste Ei. Hat es den Kloakenausgang hinter sich, gleitet es an einem Schleimfaden und durch eines der Hinterbeine geleitet in die Nisthöhle.

Während und nach der Eiablage sortiert das Weibchen mit einem Hinterbein abwechselnd die Eier in der Nistkammer, so dass sie möglichst frei liegen. Nach der Eiablage scharrt das Weibchen das Loch zu, glättet mit seinem Bauchpanzer den Eiablageplatz, und scharrt noch etwas lockere Erde, Steinchen, Holz- und Pflanzenteile über die Stelle.

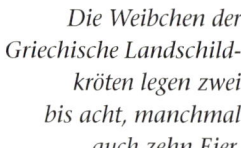

Die Weibchen der Griechische Landschildkröten legen zwei bis acht, manchmal auch zehn Eier.

Eizeitigung und Schlupf

Um sich entwickeln zu können, benötigen die Eier von Land-schildkröten bestimmte Temperaturen, Sauerstoff und eine gewisse Feuchtigkeit. Während der Entwicklung der Embryo-nen wird Sauerstoff verbraucht und Kohlendioxid abgege-ben. Durch die Kohlensäureentwicklung wird die Kalkschale im Laufe der Entwicklung immer dünner und poröser. Auch andere Stoffwechselvorgänge in der Umgebung der Eier wirken dabei mit. Stimmen die Temperaturen, die Boden-feuchte und das notwendige Sauerstoffangebot, erreichen die Schildkröten das Ende ihrer Entwicklung. In einer art-typischen Haltung liegen die Jungtiere etwas gefaltet im Ei und füllen den Hohlraum nun völlig aus.

Mit Hilfe ihres Eizahnes auf der Schnauzenkuppe zerstören die Schildkröten die Eihüllen und nehmen anschließend häu-fig auch noch ihre Beine zu Hilfe. Nun können sie den gefal-teten weichen Panzer strecken, und der Dottersackrest wird automatisch in die Bauchhöhle eingezogen. Nun klettern die Jungtiere an die Erdoberfläche.

> **ACHTUNG**
> Manchmal leert das Weibchen auch noch sei-ne Analblasen über dem Gelege. Es gibt Hinweise, dass diese Flüssigkeit nicht nur die Nistgrube anfeuchten soll, sondern dass die Flüssigkeit ein Antibiotikum enthält, wodurch eine Verpilzung des Geleges verhindert wird.

Ungefähr 90 Tage nach der Eiablage schlüpfen die jungen Griechischen Landschildkröten.

SPECIAL

Schildkröten in der Mythologie

In verschiedenen Religionen werden Schildkröten als heilige Tiere verehrt. Man findet in asiatischen Kulturen auf Bildern zahlreiche Schildkrötendarstellungen, aber auch sehr viele Schildkrötenplastiken.

Im Buddhismus gilt die Schildkröte als das Symbol für die Unsterblichkeit. Diese Anschauung ist geprägt durch den Glauben an die Wiedergeburt und die damit verbundenen Seelenwanderungen. Nach Ansicht der Gläubigen befinden sich in Schildkröten die Seelenwohnungen jener Menschen, die auf dem Weg in das ewige Nirwana sind. Aus diesem Grund ist den gläubigen Buddhisten das Töten, ja selbst das Stören von Schildkröten grundsätzlich verboten.

Auch für Hinduisten haben Schildkröten eine besondere Bedeutung: Die Schildkröte gilt bei ihnen als zweite Inkarnation des Gottes Vishna. Der Überlieferung nach soll sich dieser Gott nach einer großen Sintflut in eine große Schildkröte verwandelt haben. Auf dem Rücken der Schildkröte konnte anschließend eine neue Welt entstehen.

Schließlich gelangte die Symbolfigur »Schildkröte« über die alten Kulturen Chinas, Japans und Indiens sowie zahlreicher anderer asiatischer Völker bis in die Kulturen der Indianer. Auch in den Religionen und Mythologien der nordamerikanischen Indianer haben Schildkröten einen festen Platz. So findet sich auch in der Mythologie der Irokesen die Vorstellung, dass die Erde sich auf dem Rücken einer riesigen Schildkröte befindet.

Ähnliches findet man auch bei den Delawaren: Ihrer Überlieferung zufolge retteten sich die Menschen einst, als eine große Sintflut hereinbrach, auf den Rücken einer gigantischen Schildkröte. Auf dieser künstlichen »Insel« konnte ihnen das Meer nichts anhaben.

In etlichen Indianerstämmen wird angenommen, dass Schildkröten geheimnisvolle Kräfte besitzen. Gleichzeitig stehen Schildkröten für ein langes Leben und eine gewisse Zähigkeit. Schließlich zeigen manche Schildkröten, dass sie sich selbst von erheblichen Verletzungen wieder erholen.

Malaysia

Türkei

Mexiko

Durch die Indianerstämme des Mississippi-Gebietes wurden Schildkröten in einigen anderen Zusammenhängen verehrt. Als gute Naturbeobachter wussten Indianer, dass die Schildkröten-Männchen sehr hartnäckige Liebhaber sein können, die unter erheblichem Einsatz um ein Weibchen werben. Außerdem war ihnen bekannt, wie viele Nachkommen ein einzelnes Schildkröten-Weibchen produzieren konnte. Die »Schildkrötentänze« der Indianer bezogen sich daher häufig auf die Potenz und Fruchtbarkeit dieser Tiere. Dabei verwendeten sie nicht selten Schildkrötenpanzer als Rassel- oder Schlaginstrumente. Auch heute noch findet man in Museen, die Indianer-Kulturen gewidmet sind, Schildkröten als Utensilien der Medizinmänner. Diese verpackten auch gerne ihre Arzneien und Botschaften in Schildkröten-Panzern. Darüber hinaus verehrten Schildkröten-Klans bestimmter Stämme Schildkröten als Totemtier.

Leider hat gerade im asiatischen Raum der Respekt vor Schildkröten sehr nachgelassen. Ganze Regionen wurden von ihnen entvölkert, da Schildkröten immer noch gerne gegessen werden. Ihr Fleisch soll die Potenz, bzw. die Fruchtbarkeit steigern. Inzwischen führte dieser Irrglaube dazu, dass man auf asiatischen Märkten sogar Schildkröten aus recht weit entfernten Regionen angeboten bekommt!

Venezuela

Kenia

Schildkröten sind eine Anschaffung fürs Leben

Die Reptilien werden sehr alt. Sie

brauchen Jahrzehnte lang unsere

Fürsorge und Pflege. Fragen Sie

sich, ob Sie diese beträchtliche

Verantwortung auch wirklich über-

nehmen wollen.

Ausgesprochen preiswert und sehr gesund: Frisch gepflückter Löwenzahn steht auf der Speisekarte der Schildkröten ganz oben.

Was Sie bedenken sollten

Fast jedes Kind möchte irgendwann eine Land- oder Was-
serschildkröte haben. Viele Eltern werden sich wahrschein-
lich daran erinnern, vor langer Zeit einen ähnlichen Wunsch
geäußert zu haben, der vielleicht nicht erfüllt wurde. Deshalb
sind Erwachsene oft nur zu bereit, sich jetzt den eigenen
Kindheitswunsch gleich mit zu erfüllen. Die lebenden Fossilien sind ja auch wirklich faszinierende Tiere. Erfahrungen haben jedoch gezeigt, dass Schildkröten von Kindern oft schnell
als langweilig empfunden werden. Das Interesse lässt nach,
die Pflege wird vernachlässigt.

Aber auch wenn Sie selbst großes Interesse an Landschildkröten haben, sollten Sie sich die Anschaffung sehr genau
überlegen und folgende Punkte bedenken:
● Landschildkröten können bei artgerechter Haltung und
Pflege weit über 60 Jahre alt werden. In meiner Anlage befinden sich einige »Erbstücke«, die ihre früheren Eigentümer
überlebt haben!

Für Hunde sind Schild-
kröten »Beutetiere«. Man
darf die Tiere nicht un-
beaufsichtig zueinander
lassen.

● Landschildkröten unternehmen gerne Wanderungen, so dass man je nach Art und Anzahl der Tiere recht viel Platz für das Terrarium (Zimmer-, Freilandterrarium) benötigt!

● Landschildkröten machen nicht nur Freude, sondern auch Arbeit. Neben der Fütterung ist täglich auf die Sauberkeit des Zimmerterrariums (Entfernen von Kot und Futterresten) und der Tränke zu achten. Vernachlässigt man dies, kommt es bald zu einer Geruchsbelästigung.

● Bei der Haltung im Freilandterrarium ist stets auf das Klima zu achten, um die Schildkröten notfalls rechtzeitig in ihr Zimmerterrarium bringen zu können. Gleichzeitig müssen die technischen Hilfsmittel (Beleuchtung, Wärmequellen, etc.) im Auge behalten werden, um bei Störungen sofort einschreiten zu können.

● Haben Sie einen kühlen Keller, in dem die Schildkröten in ihrer Überwinterungskiste die kalte Jahreszeit verschlafen können? Die Tiere brauchen eine möglichst konstante Temperatur um 5 °C. Kälter als 3–4 °C darf es nicht werden.

● Für Schildkröten muss man zwar keine Steuern zahlen und auch keine Haftpflichtversicherung abschließen, aber ihre Haltung schlägt viel Jahrzehnte zu Buche und nicht nur ein Hundeleben lang. Arten aus den Tropen brauchen ständig eine Heizung.

● Wer betreut die Schildkröten im Urlaub oder wenn Sie aus anderen Gründen verhindert sind? Nach Möglichkeit sollten sie in ihrer gewohnten Umgebung bleiben und dort zuverlässig versorgt werden.

Landschildkröten und andere Haustiere

Tierliebe Zeitgenossen, die bereits einige Heim- und Haustiere haben, kommen manchmal auf die Idee, ihren privaten Zoo zusätzlich mit Landschildkröten zu bereichern. Hin und wieder stellen sich auch Landschildkröten-Halter die Frage, ob sie bei der Anschaffung typischer Heim- oder Haustiere Probleme schaffen, wenn diese mit den Schildkröten zusammentreffen. Dies ist eigentlich problemlos, sofern sich die Landschildkröten in einem sicheren Zimmer-, bzw. Freilandterrarium befinden. Die »Raubtiere« unter den Haustieren, Hunde und Katzen, können den Schildkröten durch Bisse oder Kratzer erhebliche Verletzungen zufügen.

TIPP Stellen Sie Ihrem Hund im Garten eine Schildkröte vor und beobachten ihn dabei. Zum Schutz der Schildkröte kann man einen Drahtkorb darüber stülpen.

WICHTIG
Nicht selten haben Vogelliebhaber im Garten eine größere Vogelvoliere, in der sie auch gerne noch Landschildkröten halten würden. Die Ausscheidungen der Vögel können jedoch von den Schildkröten mit dem Futter aufgenommen werden und zu Erkrankungen führen!

Der Aufwand

So interessant es ist, Landschildkröten zu halten, es ist mit einigem Aufwand verbunden. Schließlich soll dieses Buch Sie aber nicht nur über Landschildkröten informieren, sondern auch darüber, was an Kosten, Zeitaufwand und möglichen Problemem auf Sie zukommt.

Kosten und Zeit

Nicht nur die Anschaffung der Schildkröten, auch die zu ihrer Haltung notwendige Ausstattung belastet erheblich den Geldbeutel. Kosten verursacht dabei nicht nur das eigentliche Zimmerterrarium. Dazu kommen auch die technischen Geräte und Messinstrumente, die nicht unerheblichen Stromkosten und die Kosten für das Futter.

Vor allem bei ausgewachsenen europäischen Landschildkröten kommen Sie nicht um den Bau eines Freilandterrariums mit »ausbruchsicheren« Umfriedung und Schutzhütte herum. So eine Anlage kann recht kostspielig sein und muss auch gepflegt werden. Schließlich ist auch der Zeitaufwand zu bedenken. Es ist nicht nur mit dem täglichen Füttern der Tiere und Reinigen der Einrichtung getan. Die Checkliste gibt nähere Auskunft, welche Arbeiten anfallen:

Checkliste: Pflegeaufwand von Landschildkröten

Täglich:
- Füttern der Schildkröten.
- Wasserwechsel im Wassernapf.
- Entfernen von Kot- und Futterresten.
- In der Fortpflanzungszeit: Feuchtigkeit des Eiablageplatzes prüfen.
- Einrichtung besprühen.

Halbjährlich:
- Oberes Drittel des Bodensubstrats erneuern.

Wöchentlich:
- Lampen reinigen.
- Fastentag einlegen.
- Messinstrumente prüfen!
- Eventuell baden.

Jährlich:
- Bodensubstrat komplett erneuern.
- Leuchtstofflampen gegen neue austauschen.
- Kotproben untersuchen lassen.

In ein Freilandterrarium gehören größere Natursteine. Schildkröten klettern gerne darauf herum.

Urlaub

Wer gerne verreist oder häufiger aus beruflichen Gründen unterwegs ist, benötigt für die Fehlzeiten eine sachkundige Vertretung. Nur im Freilandterrarium kann man Landschildkröten einmal einige Tage unbeaufsichtigt lassen. Im Zimmerterrarium eigentlich gar nicht. Denn vor allem bei tropischen Arten kann ein Stromausfall bereits unangenehme Folgen haben. Einem Unkundigen hilft eine Checkliste, auf der die notwendigen Augenmerke und Pflegebedingungen aufgelistet sind. Legen Sie Ersatzteile bereit, falls es zu Ausfällen kommt, wie z. B Reservelampen. Vergessen Sie nicht, Ihrer Urlaubsvertretung folgende Informationen bereitzulegen:

● Eigene Urlaubsadresse und Telefonnummer oder Adresse und Telefonnummer eines sachkundigen Terrarianers, der bei Bedarf helfen oder Auskunft geben kann.

● Adresse eines Tierarztes, der sich mit Landschildkröten auskennt.

● Checkliste und Pflegeplan (Je nach Art unterschiedlich!).

● Standorte im Garten mit geeigneten Wildkräutern.

Internationaler Artenschutz

> **ACHTUNG**
> Erwerben Sie keine Schildkröten ohne die gültigen Ausnahmegenehmigungen, denn die illegale Haltung kann empfindliche Geldbußen nach sich ziehen.

Im Washingtoner Artenschutzübereinkommen (WA) sind alle Tiere und Pflanzen aufgelistet, deren Bestand gefährdet ist. Abgeschlossen wurde es am 3. März 1973 und wird seitdem alle zwei Jahre aktualisiert. Inzwischen sind alle Staaten dem WA beigetreten. In diesem Übereinkommen wurden Richtlinien für den internationalen Handel mit gefährdeten Arten freilebender Tiere und Pflanzen festgelegt. Je nach Gefährdungsgrad sind die Arten in zwei Gruppen eingeteilt. Anhang I umfasst alle unmittelbar von der Ausrottung bedrohten Arten, deren Handel nur in Ausnahmefällen zugelassen wird. Anhang II enthält jene Arten, die zur Zeit nicht unmittelbar vom Aussterben bedroht sind, durch einen unkontrollierten Handel jedoch bald in ihrer Existenz gefährdet würden. Das WA ist wie gesagt ein internationales Übereinkommen, das von den Regierungen der Mitgliedsstaaten in nationales Recht umgesetzt werden musste. Die Bundesrepublik hat die wesentlichen Punkte 1984 im Bundesnaturschutzgesetz festgehalten und 1987 das Artenschutzgesetz erlassen.

Europäische Schutzbestimmungen

Im Zuge der europäischen Einigung ist der Artenschutz in ein europäisches Gesetz umgewandelt worden (EG 338/97), das auch den Handel innerhalb des EU-Binnenmarktes regelt.. Davor galten in den einzelnen europäischen Staaten sehr unterschiedliche Schutzbestimmungen. Das Bundesartenschutzgesetz und die entsprechenden Gesetze der anderen EU-Staaten beziehen sich jedoch seitdem nur noch auf die jeweils heimischen Arten und Populationen.

Das Deutsche Tierschutzgesetz

Auch die Haltung von Schildkröten unterliegt den Bestimmungen des Deutschen Tierschutzgesetzes. Im § 1 heißt es: »Niemand darf einem Tier ohne vernünftigen Grund Schmerzen, Leiden oder Schäden zufügen.« Nach § 2 muss derjenige, der ein Tier hält, betreut oder zu betreuen hat, das Tier seiner Art und seinen Bedürfnissen entsprechend angemessen

Zu den besonders geschützten Arten gehört die Galapagosschildkröte (Geochelone nigra).

ernähren, pflegen und verhaltensgerecht unterbringen. Man darf die Möglichkeit des Tieres zu artgerechter Bewegung nicht so einschränken, dass ihm Schmerzen oder vergleichbare Leiden oder Schäden zugefügt werden.

Die Sondergenehmigungen

Jedes einzelne Tier einer geschützten WA-Art, das in den Handel kommt, wird genau registriert und bekommt einen »Ausweis«, die CITES-Bescheinigung. Da alle Landschildkröten geschützt sind, sollten Sie nur Tiere kaufen, die diese Bescheinigung haben. Außerdem muss der Händler oder Züchter Ihnen den Nachweis der Befreiung vom Vermarktungsverbot geben. Er muss auch Ihren Namen mit Anschrift als Halter der erworbenen Schildkröte festhalten, als Nachweis über den Verbleib des Tieres. Sie müssen die Schildkröte bei der für Sie zuständigen Naturschutzbehörde anmelden. Die meisten Ämter haben dafür Meldebögen, die man Ihnen zuschickt und die Sie ausfüllen müssen.

Vorschriften für die Haltung

Um zukünftigen Haltern und den für die Kontrolle zuständigen Behörden-Mitarbeitern Richtlinien zu geben, unter welchen Bedingungen Reptilien zu halten sind, erarbeiteten 1997 Fachleute für das Bundesministerium für Ernährung, Landwirtschaft und Forsten ein »Gutachten über Mindestanforderungen an die Haltung von Reptilien«. Darin wird unter anderem auch angegeben, wie groß die jeweiligen Terrarien sein müssen, wenn man Echsen, Schlangen oder Schildkröten pflegen will.

Einige Tierschützer verlangen seit Jahren die Einführung eines »Befähigungs-Nachweises«. Erst nach einer umfangreichen Prüfung soll zum Beispiel der zukünftige Schildkröten-Halter die Genehmigung zur Haltung bekommen. Auf dieser Prüfung müsste man nicht nur Fragen nach der artgerechten Unterbringung beantworten, sondern auch über die typische Lebensweise der Tierart, den natürlichen Lebensraum und Jahresrhythmus, und wie man diese Bedingungen in einem Terrarium schaffen kann. Dies würde vermutlich viele unüberlegte Spontankäufe verhindern.

> **WICHTIG**
> Halter von Landschildkröten sind verpflichtet, sich über die Haltungsbedingungen ihrer Pfleglinge rechtzeitig sachkundig gemacht zu haben. Wird die artgerechte Haltung und Pflege nicht gewährleistet, liegt ein Verstoß gegen das Tierschutzgesetz vor!

SPECIAL

Die Gefährdung der Landschildkröten

Während die meisten Menschen Reptilien etwas skeptisch gegenüber stehen, empfinden sie beim Anblick einer Schildkröten weder Angst noch Ekel. Im Gegenteil: Heute gehören Schildkröten, vor allem amerikanische Schmuckschildkröten, wieder zum Sortiment fast eines jeden Zoogeschäftes.

Dies galt bis Ende der 70er Jahren auch für europäische Landschildkröten. In jedem Jahr boten Zoogeschäfte Griechische Landschildkröten *(Testudo hermanni)* und Maurische Landschildkröten *(Testudo graeca)* in allen Größen an und dies zu einem Spottpreis von 5,– bis 10,– DM.

Hunderttausend starben wegen falscher Haltung

Der geringe Preis war dafür verantwortlich, dass vor allem Kinder häufig eine Landschildkröte als Spielzeug erhielten und Gartenbesitzer leichtfertig Landschildkröten als Bereicherung ihres Gartens erwarben. Oft waren die Tiere bereits aufgrund der unsachgemäßen Unterbringung, vor allem bei den Fängern und Großhändlern, sehr krank und starben bald oder spätestens im folgenden Winter als Folge unsachgemäßer Pflege oder Überwinterung. Sehr viele Landschildkröten machten sich auch davon und entwichen spurlos aus dem ungesicherten oder nur schlecht gesicherten Gartenbereich. Denn nur wenige Halter waren optimal informiert und dadurch in der Lage, die Tiere art- und sachgerecht zu halten. Das Resulat war schrecklich: In jedem Jahr wurden auf diese Weise allein in der Bundesrepublik etwa zweihundert- bis dreihunderttausend Griechische Landschildkröten »verbraucht«.

Nachdem man endlich diesem Unfug ein Ende setzte, tauchten plötzlich im Zoohandel russische Vierzehenschildkröten *(Testudo horsfieldii)* in Riesenmengen auf. Das Schicksal dieser noch empfindlicheren Landschildkröten glich dem ihrer Vorgänger, so dass man auch diesem Import einen Riegel vorschieben musste.

Eine neue Schildkrötenwelle bescherte daraufhin die Einfuhr Tausender Dosenschildkröten *(Terrapene)*, auf deren Haltung Schildkrötenliebhaber ebenso wenig vorbereitet waren. Aber Schildkröten finden immer schnell ihre Käufer, vor allem, wenn der Preis gering ist.

Inzwischen gibt es internationale Schutzbestimmungen, die den Handel mit bedrohten Pflanzen- und Tierarten (also auch Landschildkröten) regeln.

Das ökologische Gleichgewicht wird zerstört

Nicht nur aus Tierschutzgründen waren diese Importe unverantwortlich. Sondern auch ökologisch war das Fangen und Vermarkten solch großer Schildkrötenmengen sehr bedenklich. Nachweislich wurden von den Fängern, meist arme Einheimische, für wenig Geld ganze Regionen leergefangen, so dass die dortigen Populationen erheblich geschwächt wenn nicht stellenweise sogar ausgelöscht, wurden. Auch Schildkröten haben innerhalb der empfindlichen Ökosysteme ihrer Lebensräume einige Aufgaben, und ihr

Fehlen hat oft ungeahnte Folgen. So sind zum Beispiel von den Höhlen, die amerikanische Gopher-Schildkröten *(Gopherus spec.)* in den trockenen Boden graben, zahlreiche andere Tierarten abhängig. Darauf spezialisierte Schlangen, Frösche, Kleinsäuger und andere, die selbst nicht in der Lage sind, solche Gänge zu graben, bewohnen mit den Schildkröten gemeinsam diese Höhlen. Insgesamt profitieren 360 andere Tierarten davon. Ein Fehlen der Gopher-Schildkröten würde auch eine Vertreibung der anderen Tierarten zur Folge haben.

Inzwischen sind Gopher-Schildkröten in den USA streng geschützt und mit Sicherheit seit mehr als 50 Jahren nicht mehr nach Europa exportiert worden. Zuvor hielt man auch sie gerne als Heimtier oder veranstaltete mit ihnen Schildkrötenrennen. Auch der Verzehr des Schildkrötenfleisches dezimierte die einst großen Bestände erheblich. Jetzt, nachdem Gopher-Schildkröten streng geschützt sind, hat diese bemerkenswerten Schildkröten in ihrer Heimat eine tödliche Krankheit befallen. Als Erreger fand man Mykoplasmen, gegen die es bisher kein wirksames Mittel gibt. Etwa 90 % der befallenen Gopher-Schildkröten werden an dieser Infektionskrankheit daher vermutlich sterben müssen!

Die auch oft bei uns noch immer erhältlichen »russischen« Vierzehenschildkröten graben in ihrer Heimat ähnlich tiefe Gänge wie die »amerikanischen« Gopher-Schildkröten. Die Lebensweise dieser Schildkröten ist jedoch in der Natur noch völlig unerforscht!

Die Vielfalt der Arten lässt sich nicht durch den Schutz einzelner Tiere errei-

Der natürliche Lebensraum der Riesenschildkröte (Geochelone gigantea) *sind die Seychellen.*

chen. Eine Pflanzen- oder Tierart kann grundsätzlich nur erhalten bleiben, wenn man ihre Lebensräume schützt und erhält!

Die Lebensräume der Schildkröten erhalten

Die zunehmende Zerstörung der natürlichen Umwelt durch den Menschen hat weltweit eine zunehmende Bedrohung und Verminderung vieler Schildkrötenpopulationen zur Folge. Aber gerade Schildkröten sind aufgrund ihrer langsamen Generationsfolge und der geringen Vermehrungsrate besonders gefährdet und ihre Populationen schnell am Rand ihrer Existenzfähigkeit.

Zeitgleich mit dem Verbot, europäische Landschildkröten bei uns ungehemmt einzuführen, breiteten sich zum Beispiel rund um das Mittelmeer gewaltige Touristenburgen aus. An vielen Stellen entlang der Mittelmeerküsten stehen heute Hotels dicht nebeneinander. Vor allem dort befanden sich vorher zahlreiche Landschildkröten-Lebensräume.

Wo erhält man Landschildkröten?

Im Journal der deutschen Gesellschaft für Herpetologie und Terrarienkunde (DGHT) bieten Halter häufig Jungtiere und erwachsene Exemplare oder ganze Gruppen an. Denn in jedem Jahr kriechen hunderte junger Landschildkröten aus den Brutbehältern der Schildkröten-Halter. Das Anzeigen-Journal bekommen Sie 4 x jährlich, wenn Sie Mitglied der DGHT sind. Außerdem erhalten Sie regelmäßig eine wissenschaftliche (Salamandra) und populärwissenschaftliche (Elaphe) Zeitschrift, in der sich hin und wieder Artikel über Schildkröten befinden.

Außerdem gibt es Arbeitskreise, die sich ausschließlich mit Schildkröten beschäftigen (Adressen: S. 124). Als Mitglied eines Arbeitskreises bekommen Sie auch die Adressenliste der anderen Mitglieder, so dass auch darüber Kontakte zu Haltern möglich sind. Eine weitere Möglichkeit, Landschildkröten zu erwerben, bieten manche Zoogeschäfte, in deren Sortiment sich auch Amphibien und Reptilien befinden.

Kinderstube der Maurischen Landschildkröten: Die kleinen Tiere sind zwei Monate alt.

Worauf man beim Kauf achten muss

Um nicht gleich eine kranke Landschildkröte zu erwerben, lassen Sie sich Zeit und prüfen genau, ob Sie vor sich ein gesundes Exemplar haben! Bitten Sie den Verkäufer, der Schildkröte Futter anzubieten. Wenn das Tier mit sichtbarem Appetit an das Futter geht, hat man schon einen Hinweis, dass es sich um ein offenbar gesundes Exemplar handelt. Es muss aber nicht sein! Um das Risiko weiter zu vermindern, führen Sie einen kleinen Konditionscheck durch. Eine kleinere Schildkröte können sie zwischen Ihrem gespreizten Daumen und Zeigefinger so halten, dass sie sich mit den Vordergliedmaßen festhalten kann. Rutscht sie kraftlos zwischen den Fingern hindurch, ist sie vermutlich krank und sehr geschwächt. Die Checkliste zeigt weitere Prüfmöglichkeiten. Der beste Zeitpunkt für den Kauf einer Landschildkröten-Art, die einen Winterschlaf halten, ist der Zeitraum zwischen Mai und September. Später sollte man sie nicht erwerben. Oft zeigen Schildkröten dann schon ein etwas ruhiges Verhalten und man weiß nicht, ob sie krank sind oder schon bereit für die Winterruhe. Schildkröten aus tropischen Gebieten, die keine Winterpause brauchen, kann man das ganze Jahr kaufen. Sie müssen jedoch vor allem im Winter richtig transportiert werden.

ACHTUNG
Bedenken Sie, dass frisch importierte Schildkröten oft einen langen Leidensweg hinter sich haben, mit den entsprechenden Gesundheitsrisiken.

Checkliste: Ist die Schildkröte gesund?

● Der Panzer fühlt sich fest an (lediglich bei Schlüpflingen und wenige Wochen alten Jungtieren darf er weich und elastisch sein) und ist frei von Verletzungen!

● Haut und Weichteile sind frei von Wunden und Parasiten (Milben, Zecken)!

● Die Augen sind offen, klar und die Augenhöhlen nicht eingefallen!

● Das Tier atmet geräuschlos und sondert weder Schleim noch Bläschen aus Mund und Nase ab!

● Die Schildkröte läuft kraftvoll auf den Beinen und zieht nicht die Hinterbeine nach. Dabei ist der Bauchpanzer deutlich vom Boden abgehoben!

● Der Rückenpanzer ist arttypisch geformt (einige Arten besitzen natürlicherweise Höcker).

Single, Pärchen oder Gruppen?

In ihrer Heimat leben Landschildkröten in ihren Lebensräumen gewöhnlich zu mehreren in einer Population. Sobald morgens die Betriebstemperaturen erreicht werden, machen sich die Schildkröten auf den Weg, um Nahrung zu suchen. Bei europäischen Landschildkröten befinden sich diese durch ständige Benutzung oft ausgetretenen Pfade meist im Schutz von Brombeerbüschen, in einem Graben, entlang von Steinmauern und ähnlichen Stellen.

Wer in den Mittelmeerländern schon einmal Landschildkröten begegnet ist, wird beobachtet haben, dass man an besonders interessanten Futterplätzen nach der ersten bald die zweite und weitere Schildkröten entdeckt. Fast ein Schlaraffenland sind Obstgärten, wo die Schildkröten die herabgefallenen Früchte verzehren. Man findet die Tiere auch oft auf Müllplätzen, wo sie Obst und Gemüse »entsorgen«. Landschildkröten sind zwar Einzelgänger, aber ihre Verhaltensweisen leben sie nur, wenn man sie zu mehreren hält.

Landschildkröten fühlen sich nur in der Gesellschaft von Artgenossen richtig wohl.

Verschiedene Arten?

Wer sich die Bilder der verschiedenen Landschildkröten in diesem Buch anschaut, wird sicherlich an vielen Arten Gefallen finden. Dabei stellt man sich zwangsläufig die Frage, ob man in einem entsprechend geräumigen Terrarium nicht gleich mehrere Arten gemeinsam halten kann.

Manche Schildkröten-Liebhaber sind so besessen von ihrem Hobby, dass sie in der geräumigen Wohnung oder im Keller einen halben oder sogar ganzen Raum als Landschildkröten-Terrarium einrichten. Die dabei zur Verfügung stehende Fläche lässt nicht nur eine großzügige Einrichtung zu, sondern auch die Haltung einer größeren Schildkrötengruppe.

Möchte man verschiedene Arten gemeinsam halten, müssen sie aus ähnlichen Klimaverhältnissen stammen. Die drei verschiedenen Klima-Grundtypen werden auf den Seiten 48 bis 53 näher beschrieben.

> **TIPP** Nach einer Faustregel soll man mindestens 1 Männchen und 2–3 Weibchen gemeinsam halten.

Mischlinge vermeiden

Bei der gemeinsamen Haltung treffen jedoch Arten oder auch Unterarten aufeinander, die in der Natur durch Isolationsmechanismen, wie zum Beispiel Gebirge, Flüsse, Schluchten, Wälder, Steppen oder unterschiedliche Verbreitungsgebiete auseinander gehalten werden. Hält man nun diese unterschiedlichen Arten zusammen, dann ist auch nicht auszuschließen, dass sie sich in der Fortpflanzungszeit untereinander paaren. Die gemeinsame Haltung von Griechischen (*Testudo hermanni*) und Maurischen Landschildkröten (*Testudo graeca*), sogar mit der Vierzehenschildkröte (*Testudo horsfieldii*) ergibt automatisch Mischlinge dieser Arten, ebenso die gemeinsame Haltung von Gelbkopfschildkröten (*Indotestudo elongata*) und Celebes-Landschildkröten (*Indotestudo forstenii*) sowie die Haltung verschiedener Gelenkschildkröten (*Kinixys*), Köhlerschildkröten (*Geochelone carbonaria*) und Waldschildkröten (*Geochelone denticulata*).

Auch aus Artenschutzgründen sollte man immer nur eine Art, ja sogar nur eine Unterart gemeinsam halten. Insbesondere von den vielen Unterarten der Maurischen Landschildkröte (*Testudo graeca*) gibt es in den Terrarien heute viel zu viele Mischlinge.

Der Heimtransport

TIPP **Übernehmen Sie die Schildkröte von einem verständnisvollen Halter, bitten Sie ihn, das Tier bereits Stunden vor dem Transport in lauwarmem Wasser zu baden, so dass es bereits den Darm leeren konnte!**

Obwohl vor allem Landschildkröten recht robust wirken, sind auch sie beim Transport vorsichtig zu behandeln. Zum Schutz vor großen Temperaturschwankungen empfiehlt es sich, sie in einem mit einem Deckel verschließbaren Karton oder einer Kunststoffbox zu transportieren. Damit das Tier nicht ständig hin und her rutscht, polstern Sie den Boden und die Wände mit Schaumstoff, zerknülltem Zeitungspapier oder alten Tüchern. Da Landschildkröten in Stresssituationen häufig ihren Darm, ihre Harn- und Analblasen entleeren, legt man unter die Bodenpolsterung alte Zeitungen und/oder eine Kunststofffolie.

Der Behälter darf während des Transportes weder direkter Sonneneinstrahlung noch Kälte ausgesetzt werden. Vor allem der Transport tropischer Landschildkröten ist in der kalten Jahreszeit am besten zu unterlassen. Ist er unbedingt erforderlich, kann man den Transportbehälter mit angewärmten Tüchern oder einer Wärmflasche »heizen«.

TIPP **Als Transportbehälter eignen sich auch die Styroporboxen, in denen Zoohändler gewöhnlich ihre Fische geliefert bekommen. Fragen Sie danach!**

In einem mit Zeitungspapier ausgefütterten Karton überstehen die Schildkröten den Transport.

Ankunft im neuen Heim

Die neu erworbenen Schildkröten sind Zuhause auch noch einmal gründlich auf Außenparasiten oder Wunden zu untersuchen. Das Einbringen neuer Schildkröten in bestehende Gruppen, vor allem Wildfänge, ist nicht unproblematisch. Sie können mit Krankheitserregern belastet sein, gegen die ihr eigenes Immunsystem gut ankommt. Daher erkennt man bei ihnen keine Krankheitssymptome und hält diese Schildkröten für gesund.

Durch den nun zustande kommenden Kontakt mit Schildkröten, die gegen diese Erreger noch keine Abwehrstoffe entwickelt und aufgebaut haben, kann es zu ernsthaften Erkrankungen kommen. Es gibt Pfleger, deren Bestände durch das Zusetzen neuer Schildkröten anschließend vollständig verloren gingen. Deshalb ist es unbedingt zu empfehlen, Neuerwerbungen erst einmal getrennt von den anderen zu halten.

> **ACHTUNG**
> Das Quarantänebecken muss immer leicht zu reinigen und zu desinfizieren sein. Deshalb eignen sich Glas- (Aquarien) oder Kunststoffbehälter besonders gut!

Quarantäne

Dabei hält man die Tiere für mindestens drei Monate räumlich von anderen Schildkröten und anderen Reptilien getrennt. Während dieser Zeit sind sie natürlich so unterzubringen, dass es ihnen an nichts fehlt (Versteckmöglichkeit, Bewegungsraum, artgerechtes Temperaturspektrum, etc.).

Als Bodengrund eignet sich für diese Zeit leicht auswechselbares Fließpapier. Wer es genau wissen will, ob seine neue Schildkröte gesund ist, sendet frische Kotproben an ein geeignetes Institut (Auskunft: Gesundheitsämter oder DGHT-Geschäftsstelle). Mit einem Ergebnis kommen bei Bedarf gewöhnlich auch Therapievorschläge.

Bei Wildfängen kann man vermuten, dass sie einige Strapazen hinter sich haben. Deshalb gibt man ihnen ein besonders ausgewogenes Futter und reichert dies unbedingt mit Multivitaminen und Mineralstoffen an. Sollte die Schildkröte im Verlauf der Quarantäne erkranken, wird sie in dem Behälter auch einer Therapie unterzogen und die Quarantäne bis auf ihre endgültige Genesung ausgedehnt. Hat man mehrere Schildkröten von verschiedenen Haltern erworben, sind diese unbedingt einzeln in Quarantäne zu halten.

Ein neues Zuhause mit Garten und Pool

Landschildkröten sind Wildtiere,

die bestimmte Ansprüche an ihren

Lebensraum stellen. Nur wenn

ihnen die Umgebung und die

Ernährung zusagen, werden sie

sich auch fortpflanzen.

In dem Zimmerterrarium gibt es ein kleines
Gebirge mit Hohlräumen als Unterschlupf,
Pflanzen und einer künstlichen Sonne.

Das Zimmerterrarium

TIPP Für Jungtiere und kleinere Arten eignen sich manchmal große Aquarien aus dem Zoohandel, die man entsprechend einrichten muss.

Alle Landschildkröten sind Bodenbewohner und daher bezeichnet man die Behälter, in denen sie untergebracht werden, als Terrarium (Terra = Erde).

Für Landschildkröten sind die meisten der im Handel erhältlichen Terrarien nicht geeignet, da sie meist zu kleinflächig und für unsere Zwecke viel zu aufwändig konstruiert sind. Größere Exemplare haben einen großen Flächenbedarf, deshalb ist es empfehlenswert, sich für seine Landschildkröten selbst ein Terrarium zu bauen.

Standort

Da das Terrarium aufgrund seiner Größe meistens bereits einen beachtlichen Platzbedarf hat, kommen in einer Wohnung nur wenige Standorte dafür in Frage. Bitte meiden Sie beim Aufstellen eines Zimmerterrariums aber unbedingt folgende Standorte:

● Schwenkbereiche von Fenstern und Türen, es besteht Glasbruchgefahr!

● Räume, die im Laufe eines Tages großen Temperaturschwankungen unterliegen.

● Räume, in denen viel geraucht wird und die schlecht zu lüften sind.

● Außenwände, die schlecht isoliert sind. Es kann dann zwischen Terrarium und Wand zur Schimmelbildung kommen. Nehmen Sie lieber eine Innenwand.

● Stellen Sie das Terrarium nicht direkt an ein Südfenster. Im Sommer könnte es zu einer Überhitzung kommen.

● Vor Heizkörper, denn die Luftzirkulation des Raumes wird gestört!

● Vermeiden Sie die Nähe von Stereoanlagen, Fernsehern oder Kühlschränken. Die Schwingungen übertragen sich auf die Schildkröten. Das mögen sie nicht.

● Stellen Sie das Terrarium nicht direkt auf den Fußboden, weil es von unten oft zu kalt ist. Gibt es keine andere Möglichkeit, legen sie eine dicke Styroporplatte darunter.

● Achten Sie darauf, dass die Tiere nicht Zugluft ausgesetzt sind, wenn Sie den Raum lüften.

Größe

Die Terrariengröße richtet sich vor allem nach der Größe und dem Bewegungsdrang der darin zu pflegenden Landschildkröten. Dem »Gutachten über die Mindestanforderungen an die Haltung von Reptilien« (siehe Literaturverzeichnis) ist zu entnehmen, dass bei der Bemessung der erforderlichen Terrariengröße für Landschildkröten die Panzerlänge (PL) entscheidend ist. Dabei richtet sich die jeweilige Terrarienlänge nach der Panzerlänge (PL) × einer angegebenen Zahl. Das bedeutet zum Beispiel für ein Paar der Griechischen Landschildkröte *(Testudo hermanni)* mit einer Panzerlänge von 25 cm und der im Gutachten angegebenen Zahl 8 folgende Terrarienlänge: 25 cm × 8 = 200 cm.

Für die Terrarienbreite wird die Hälfte der Terrarienlänge gerechnet. Also benötigt man eine Terrariengrundfläche von 200 cm × 100 cm. Hält man eine dritte und vierte Schildkröte, muss man mindestens 10 % mehr Fläche einkalkulieren Die jeweils geforderten Terrariengrößen sind in den einzelnen Monographien angegeben!

> **ACHTUNG**
> Da Landschildkröten in einer Ecke auch übereinander klettern und so den Rand flacher Terrarien überwinden können, sollte das Terrarium schon mindestens 4 x so hoch wie die Schildkröten sein!

Für die Ägyptische Landschildkröte muss man ein Savannenterrarium einrichten.

39

In einem Glasterrarium kann man die Schildkröten von allen Seiten gut beobachten.

Glasterrarium

Um Terrarientiere möglichst von mehreren Seiten beobachten zu können, sind Glasterrarien natürlich am besten geeignet. Außerdem können dann Einrichtungsgegenstände problemlos überbraust und untere Sandschichten immer leicht feucht gehalten werden, ohne dass es – wie bei reinen Holzterrarien – zu Fäulnisprozessen kommen kann. Daher empfehle ich für den Terrarienbau eigentlich immer Glas und Silikonkautschuk.

Nachdem man die richtige Größe festgelegt hat, errechnet man die Maße für die einzelnen Scheiben, wobei man berücksichtigen muss, für den Silikonkautschuk Fugen frei zu lassen.

Holzterrarien

Im Gegensatz zu Wasserschildkröten können Landschildkröten der gemäßigten Klimabereiche und heißen Trockengebiete auch recht gut in Zimmerterrarien aus Holz untergebracht werden. Je nach Geschmack setzt man dann vorne oder an zwei Seiten Glasscheiben ein. Der Vorteil liegt auf der Hand: In fast jedem Baumarkt können die notwendigen Holzplatten nach Vorgaben zugesägt und am Standort einfach zusammengeschraubt werden. Für sehr große Holzterrarien verwendet man Tischlerplatten, die man nach dem Zusammenbauen mit einem Schutzanstrich auf Kunststoffbasis versieht. Wichtig ist, dass diese Behälter in dem Bereich versiegelt sein müssen, der später vom Bodensubstrat bedeckt wird.

Für Terrarien mit einer Fläche von bis zu 150 × 100 cm und einer Höhe bis zu 60 bis 70 cm kann man auch je nach Größe 16 bis 19 mm starke kunststoffbeschichtete Spanplatten verwenden. Um das Terrarium problemlos einrichten oder aufwändigere Reinigungsarbeiten durchführen zu können, setzen Sie bei nicht zu großen Holzterrarien (bis etwa 120 cm Breite) die Frontscheibe auch lose in zwei seitliche Führungsschienen um diese bei Bedarf nach oben herausnehmen zu können. Auch bei diesen Spanplatten-Terrarien ist der Bodenbereich mit einem zusätzlichen Schutzanstrich zu versehen.

> **TIPP** Nehmen Sie zum Bau von Holzterrarien keine gewöhnlichen Spanplatten, da diese in Verbindung mit Feuchtigkeit leicht aufquellen und undicht werden!

In jedem Terrarium müssen Verstecke eingeplant werden. Die Tiere verkriechen sich gerne.

Technisches Zubehör

Alle Landschildkröten sind wärmeliebend, daher kann man bei ihrer Haltung auf zusätzliche Heizquellen kaum verzichten. Außerdem erwarten sie je nach Herkunft eine entsprechende Beleuchtung. Das heißt, dass das Licht für Landschildkröten eine möglichst dem Sonnenlicht ähnelnde spektrale Zusammensetzung aufweisen sollte.

Vorauf Sie bei der Beleuchtung achten müssen!

● Leuchtstofflampen sind besonders preisgünstige Lichtquellen. Achten Sie bei der Auswahl auf eine mögliche Nähe zur »Tageslicht«-Qualität! Das Tageslicht setzt sich aus verschiedenen Farben zusammen, die sich in ihren Wellenlängen voneinander unterscheiden. Besonders geeignet und empfehlenswert sind die Fabrikate Lumilux DE LUXE Daylight (OSRAM) und TLD Lampen (PHILIPS) mit den Lichtfarben 95.
● Da es auch bei Lampen eine ständige Weiterentwicklung gibt, achten Sie bei Lampen vor allem auf die Farbtemperatur und den Ra-Index.
● Die Farbtemperatur wird in Kelvin angegeben. Licht mit einer Farbtemperatur zwischen 4500 und 6500 K gilt dabei als Tageslicht.
● Die Farbwiedergabe der Lampe wird dagegen im sogenannten Ra-Index angegeben. Der Index umfasst eine Skala, die von 0–100 reicht. Je höher die Index-Zahl, um so besser ist die Farbwiedergabe. Deshalb eignen sich vor allem Leuchtkörper mit sehr hohen Ra-Indexen und K-Werten.

Besonders geeignete Licht- und Wärmequellen

● Ein besonders natürliches Farbspektrum haben Halogen-Metalldampflampen (HQI). Sie sind ab einer 70-Watt-Leistung empfehlenswert. Gute Erfahrungen hat man auch mit den Typen OSRAM »Power-Star« HQI TS 70 NDL und PHILIPS MHN-TD-70 W gemacht.
● Im Licht- und Wärmekegel eines Wärme- und Punktstrahlers nehmen Landschildkröten gerne ein Sonnenbad. Langlebige Strahler sind PHILIPS PAR 38 EC spot Engstrahler 60 W

und OSRAM CONCENTRA PAR 38 EC 60sPEC. Sie sind preis-
werteren Strahlern vorzuziehen. Als lokale Wärmequelle für
Landschildkröten aus heißen Trockengebieten sind 80- oder
100-Watt-Strahler zu empfehlen. Die gewünschte Temperatur
regelt man durch den Bodenabstand.

● Um Landschildkröten auch im Zimmerterrarium UV-Licht
auszusetzen, empfiehlt sich der Einbau eines UV-Strahlers
(z. B. OSRAM-Ultra-Vitalux), in einem Abstand von mindestens
1 m von den Tieren. Dieser darf täglich höchstens 20 Minuten
zur normalen Beleuchtung dazugeschaltet werden. UV-Licht
spielt bei der Vitamin-D-Bildung eine wichtige Rolle. Es ist
unter anderem auch für den Skelettaufbau von entscheiden-
der Bedeutung, denn es steigert die Kalkaufnahme aus dem
Darm.

● Das Licht muss die Tiere direkt erreichen. In einem ge-
schlossenen Terrarium wird die Beleuchtung im Inneren mon-
tiert. Ein gläserner Deckel lässt zu wenig Wärme und keine
UV-Strahlen durch. Zwar stammen alle Landschildkröten aus
warmen Klimazonen, aber zu heiß darf es im Terrarium auf keinen Fall sein.

TIPP Lassen Sie die unterschiedlichen
Lichtquellen des
Terrariums mit
Hilfe von Zeitschaltuhren
zeitversetzt, im 5 Minu-
ten-Abstand, morgens
ein- und abends ausschal-
ten, damit es auch im
Terrarium langsam heller
und dunkler wird.

*In manchen Fällen, z.B.
bei bestimmten Erkran-
kungen, sorgt eine Infra-
rotlampe für Wärme.*

43

Heizung ersetzt Sonnenwärme

TIPP **Sie können auch ein Heizkabel in Schleifen auf einer Styroporplatte auslegen. Hat sich das Kabel »eingebettet«, kann man die Oberfläche mit Epoxidharz bestreichen und versiegeln!**

Für Reptilien, also auch für Landschildkröten, spielen Wärmestrahler als Heizquellen die größte Rolle. Denn auch in der Natur erhalten die Tiere ihre wärmenden Strahlen von der Sonne, also von oben.

Wärme von allen Seiten ist für die Tiere von großer Bedeutung, weil nur ab bestimmten Temperaturen ihre Körperfunktionen richtig arbeiten. In südlichen Ländern, den natürlichen Lebensräumen der Landschildkröten, erwärmt die Sonne Steine und Erde. Um mit einer künstlichen Sonne von oben auch die Schichten des Bodengrundes richtig zu durchdringen, müsste man einen sehr leistungsstarken Wärmestrahler einsetzen, der viel Strom verbraucht. Aber es gibt effektivere Boden-Heizquellen, auf die der Terrarianer ausweichen kann.

Heizkabel

Heizkabel gibt es in recht unterschiedlichen Längen und Stärken. Sie sind flexibel zu verlegen und bieten den Vorteil, dass man sie in breiten oder engen Schleifen verlegen kann. Je enger die Schleifen gelegt werden, um so mehr wird dort die Wärme gebündelt. Es ist bei der Verlegung auf alle Fälle darauf zu achten, dass die Kabelschnüre sich nicht überkreuzen. An solchen Stellen kann es nämlich zu warm werden und die Ummantelung des Kabels verschmort. Damit das Heizkabel nicht von den grabenden Schildkröten beschädigt oder ans Tageslicht befördert wird und sie sich nicht darin verfangen, legt man das Heizkabel auf dem Glasboden des Terrariums in Schleifen, fixiert diese mit Klebestreifen und gibt darauf eine Sandschicht. Darüber legt man nun ein dünnes, nicht rostendes Blech und das Heizkabel ist geschützt. Legen Sie auf einen Teil der beheizten Fläche eine Bodenfliese aus Terrakotta. Schildkröten lieben es, auf warmen Steinen zu liegen.

Bodenheizungen dürfen nicht über die gesamte Fläche des Terrariums verlegt werden. Die Schildkröten müssen – wie auch in der freien Natur – immer die Möglichkeit haben, kühlere »Regionen« aufsuchen zu können. Wenn man das Terrarium teilweise auf Styropor stellt, kann man das Kabel an drei Stellen unter den Terrarienboden legen.

Heizfolien, Wärmesteine und Heizmatten

An Stelle eines Heizkabels kann man zur Erwärmung des Bodengrundes auch Heizfolien oder Heizmatten verwenden

Auch diese legt man zur Sicherheit unter den Glasboden des Terrariums. Will man nur eine begrenzte Stelle damit erwärmen, nimmt man eine Heizmatte oder -folie in der erforderlichen Größe. Denn auch diese Heizhilfen gibt es in den unterschiedlichsten Maßen.

Im Zoofachhandel gibt es spezielle Terrarien-Heizmatten (z. B. Heat-Wave), die eine gleichmäßige Wärme über die ganze Fläche verteilt abgeben. Sie enthalten keine Drähte, die brechen und zu Funktionsstörungen führen könnten. Bei Heizmatten ist es wichtig, dass zwischen dem Boden des Terrariums und der Auflagefläche (Tisch, Regal) durch Abstandshalter für einen Zwischenraum gesorgt wird.

Eine weitere Heizmöglichkeit sind Wärmesteine, die an eine Steckdose angeschlossen werden. Alle Kabel müssen unereichbar für die Tiere vom Terrarium nach außen geführt werden.

Notwendige Messgeräte

Um immer einen leichten Überblick über die herrschenden Temperaturverhältnisse oder die Höhe der Luftfeuchtigkeit zu haben, werden einige Messinstrumente benötigt.

● Thermometer geben jederzeit Auskunft über die umgebende Temperatur. Für unsere Zwecke genügen bereits einfache Aquarien-Thermometer aus einem Zoogeschäft. Zudem müssen trächtige Weibchen auch einen geeigneten Eiablageplatz mit leicht feuchtem Substrat vorfinden, mit Bodentemperaturen zwischen 25 und 32 °C. Messen Sie in dieser Zeit häufiger die Bodentemperatur des Eiablageplatzes.

● Hygrometer zeigen die relative Luftfeuchtigkeit in Prozenten (%) an. Vor allem bei Landschildkröten aus heißen Feuchtklimaten sind diese Daten wichtig, aber auch bei der Bebrütung von Schildkröteneiern.

● Um die Tageslichtlänge und die Heizdauer zu steuern, sind Zeitschaltuhren unverzichtbar. Außerdem kann man mit ihnen zu bestimmten Zeiten auch einen kleinen Ventilator einschalten, um verbrauchte Luft gegen frische auszutauschen oder eine zu hohe Luftfeuchtigkeit zu senken.

WICHTIG
Um stets die Temperaturverhältnisse innerhalb des gesamten Terrariums zu kennen, sind mindestens 2 Thermometer an verschiedenen Stellen erforderlich.

Praktisch sind Thermometer und Hygrometer in einem Gerät.

Heizmatten sorgen für die richtigen Temperaturen im Terrarium.

Die richtige Einrichtung

ACHTUNG
Bei der Haltung großer
und mittelgroßer Arten
haben sich auch Buchen-
häcksel und Rindenmulch
als Bodensubstrat be-
währt.

Man kann die Terrarieneinrichtungen für Landschildkröten sehr variieren und ihrem jeweiligen Lebensraum nachempfinden. Dennoch sind es im Wesentlichen nur drei Standardtypen, die für Landschildkröten erforderlich sind. Folgende Materialien und Gegenstände gehören in jedes Terrarium.

Bodengrund

Für den Terrarienboden eignet sich bei Landschildkröten vor allem solches Substrat, das nicht staubt und leicht sauber zu halten ist. Staub kann in die Nase der Tiere gelangen und zu Reizungen der Atemwege führen. Sehr häufig wird Flusssand verwendet, der auch – wenn er trocken ist – bei Bedarf leicht durchgesiebt werden kann. Dies gilt auch für feinen Kies.

Für Schildkröten, die in der Natur am Waldboden leben, kann man auch ein Gemisch aus Sand, Walderde und Torf nehmen. Darüber gibt man etwas Laub, und schon können sich die Schildkröten bei Bedarf leicht eingraben.

Unterschlupf

Wie bereits erwähnt, suchen viele Schildkröten am Abend oder bei ungünstiger Witterung gerne ein Versteck auf. Bei einigen gehört es zur natürlichen Lebensweise, Gänge in den Boden zu graben. Daher ist es angebracht, im Terrarium den Tieren einen künstlichen Unterschlupf anzubieten.

Am einfachsten ist es, der Größe der Schildkröten entsprechend, entweder aus Holz oder aus Ziegelsteinen und einer Steinplatte/Fliese einen Unterschlupf zu bauen. Damit dieses künstliche Gebilde nicht zu sehr als solches erkennbar ist, kann man »Holzhöhlen« anschließend mit Styroporstückchen bekleben und Epoxidharz bestreichen. Beim letzten Anstrich streut man etwas von dem im Terrarium vorhandenen Bodensubstrat auf den noch feuchten Anstrich und bekommt auf diese Weise eine recht natürlich wirkende Höhle.

Hat man die Ziegelstein/Steinplatte-Lösung gewählt, kann man die Kunsthöhle anschließend außen auch mit Ton oder Lehm verschmieren und dadurch kaschieren. Aber bereits eine Natursteinplatte als Abdeckung kann sehr natürlich wirken und die Ton/Lehm-Verkleidung erübrigen.

Bademöglichkeit

Viele Landschildkröten nehmen gerne ein Bad, trinken dann ausgiebig und koten anschließend in das Wasser. Die Bademöglichkeit sollte am besten ein Ablassventil haben, um das Wasser einfach wechseln zu können. Bei kleineren Arten genügt eine flache Schale, die Bäder erlaubt. In Terrarien mit kleiner Grundfläche, etwa gerade den Mindestforderungen entsprechend, kann man hin und wieder eine Badeschale einbringen oder aber den Schildkröten außerhalb des Terrariums Bäder ermöglichen.

Futternapf

Vor allem für große Schildkröten-Arten haben sich Futternäpfe bewährt, die oben durch Stege verhindern, dass die Schildkröte in den Trog klettert. Die Bügel müssen so weit voneinander angebracht sein, dass das Tier lediglich mit dem Kopf an das Futter gelangen kann.

> **TIPP** Man kann bei kleineren Arten und bei Bedarf das Badewasser ab und zu mit einem Multi-Vitamin-Präparat anreichern!

Auch Landschildkröten nehmen gerne hin und wieder ein erfrischendes Bad.

Terrarium »Mediterrane«

WICHTIG

In diesen Terrarien müssen an einer Stelle im Kegel eines Strahlers Temperaturen zwischen 35–40 °C herrschen, im übrigen Terrarienbereich genügen Temperaturen zwischen 23–26 °C. Nachts kann die Temperatur um einige Grade sinken (Jahresrhythmus beachten!).

Bei Schildkröten für dieses Terrarium handelt es sich um Arten, die sich in den Sommermonaten auch überwiegend für die Freilandhaltung eignen. Lediglich zur Überwinterung jüngerer Exemplare oder wenn die Witterung längere Zeit ungünstig ist, hält man sie in Zimmerterrarien. Zu jenen gehören vor allem unsere europäischen Arten, wie die Maurische Landschildkröte *(Testudo graeca)*, die Griechische Landschildkröte *(Testudo hermanni)* und die Breitrandschildkröte *(Testudo marginata)*. Alle drei benötigen geräumige Behälter, da sie sehr gerne Wanderungen unternehmen.

Als Bodengrund eignet sich grober Flusssand, feiner Kies und Buchenhäcksel. Man kann bei kleineren Tieren den Boden mit Lehm modellieren und eine kleine Landschaft mit Mulden und Hügel formen.

Für erwachsene, trächtige Weibchen benötigt man einen Eiablageplatz. Er sollte mindestens so tief, wie die halbe Schildkrötenlänge und mit schwach feuchtem, grabfähigem Substrat gefüllt sein.

Höhlen und Steine

Bevor man den Bodengrund jedoch in das Terrarium einfüllt, sind die geplanten Einrichtungsgegenstände einzubringen, damit sie später nicht untergraben werden. Dazu gehören zum Beispiel Holzhöhlen oder Steine, mit denen man künstliche Höhlen schafft. In die Verstecke ziehen sich gegen Abend die Schildkröten gerne zurück oder verbringen in ihnen kühlere Tage. Zudem reizen Steinaufbauten die Schildkröten zum Klettern und mit etwas Geschick lässt sich das Terrarium dadurch so gestalten, dass verschiedene Bereiche entstehen.

Der Futterplatz

Häufig wird empfohlen, einen festen Futterplatz einzurichten. Da Langeweile auch Schildkröten bekannt ist, kann man den Futternapf in einem sehr großzügig gebauten und reich strukturierten Terrarium auch immer wieder an einer andere

Stelle platzieren. Dies animiert die Tiere, das Terrarium auf der Suche danach zu durchwandern. Bei der Einrichtung ist vor allem zu berücksichtigen, dass die Schildkröten an den Gegenständen gut vorbeikommen. Eng darf es dagegen in den Höhlen sein, denn die Landschildkröten haben am liebsten zu den Wänden und zur Decke Panzerkontakt.

Da viele Pflanzen als willkommene Nahrung angesehen werden, muss man im Allgemeinen auf eine Bepflanzung verzichten. Lediglich in sehr großen Terrarien kann eine Bepflanzung als Dekoration dienen. Dabei ist auf alle Pflanzen zu verzichten, an denen sich die Tiere verletzten könnten, wie zum Beispiel Kakteen oder bewehrte Euphorbien.

Am besten lässt man aus einer für die Schildkröten unerreichbaren Höhe Ampelpflanzen herabwachsen. Dabei werden erreichbare Teile oft von den Tieren abgebissen. In raumgroßen Terrarien können auch Pflanzenkübel stehen, die man außen mit Steinen oder ähnlichem kaschiert. Aber auch höher liegende Pflanzeninseln bieten sich als Einrichtung an. Eine Schale mit Wasser darf nicht fehlen. Dies gilt auch für Schildkröten aus sehr trockenen Gebieten!

> **TIPP** Schaffen Sie durch Wurzelstücke, Steine oder ähnliche Hindernisse ein Labyrinth, das die Schildkröten animiert, verschiedene Wege zu gehen. Dies fördert ihren Bewegungsdrang.

Maurische Landschildkröten sind bei gutem Wetter auch gerne im Freien.

Savannenterrarium

WICHTIG
Für kleinbleibende Arten sollte man den Boden-grund so tief einbringen, dass sich die Schildkröten bei Bedarf völlig darin eingraben können.

Die dafür vorgesehenen Landschildkröten kann man gewöhnlich nur in Zimmerterrarien pflegen, da im Freiland die erforderlichen Temperaturen nicht gewährleistet werden können. Lediglich in den Sommermonaten ist die Freilandhaltung bei einigen Arten manchmal möglich. In den Monographien wird darauf hingewiesen. Dabei sollte die Kunsthöhle oder die Schutzhütte im Freilandterrarium vorsichtshalber beheizbar sein, oder die Tiere sollten Zugang zu einem Gewächshaus haben.

Für kleinere *(Homopus spec., Psammobates spec., etc.)* und mittelgroße Arten *(Geochelone chilensis, Geochelone elegans, Indotestudo spec., Kinixys spec., Pyxis spec).*, Maurische Landschildkröten *(Testudo graeca)* aus Nordafrika und Vierzehenschildkröten *(Testudo horsfildii)* kann man das Terrarium genauso gestalten wie das zuvor beschriebene. Lediglich die Temperaturen müssen im Sommer etwa 5 bis 6 °C höher steigen, das heißt, 28 bis 32 °C erreichen (Jahresrhythmus beachten!). Lokal unter einem Strahler sind sogar Temperaturen um 40 °C erforderlich. Um sich zurückziehen zu können, stellt man den Schildkröten großzügige Kunsthöhlen zur Verfügung.

Die Afrikanische Spaltenschildkröte *(Malacochersus tornieri)* benötigt in ihrem Terrarium Felsspalten, die möglichst so breit sind, dass die Schildkröten so eben in die jeweiligen Fugen passen. Die dafür erforderlichen Steinaufbauten sind unbedingt fest miteinander zu verbinden (Silikonkautschuk), damit sie nicht zusammenstürzen und die Schildkröten unter sich begraben können.

TIPP Vor allem sehr groß werdenden Schildkröten stellt man das Futter in Futtertrögen mit Schutzbügeln zur Verfügung(siehe auch S. 62).

Große Arten brauchen viel Platz

Recht groß werdende Arten, wie *Chersine angulata, Geochelone pardalis* und *Geochelone radiata*, verlangen bereits sehr großflächige, am besten raumgroße Terrarien, die man unter zweckmäßigen Gesichtspunkten einrichten sollte. Um diese Terrarien möglichst leicht reinigen zu können, wird am besten eine größere Fläche frei von Einrichtungsgegenständen gelassen. Diese lässt sich immer leicht mit einer Harke oder einem Besen reinigen. Einige schattige Verstecke zwischen

Die Indischen Stern-schildkröte (Geochelone elegans) *lebt in Sri Lanka (Ceylon) und Vorder-indien.*

Pflanzenkübeln werden von den Schildkröten gerne aufge-sucht, ebenso eine großflächige Höhle.

Unter den Schildkröten dieser Gruppe befinden sich auch einige besonders groß werdende Arten. Während Galapagos-Schildkröten *(Geochelone nigra)* oder Seychellen-Schildkröten *(Geochelone gigantea)* kaum einmal in Privathände gelangen, sondern ihre Haltung gewöhnlich Reptilienzoos vorbehalten bleibt, gibt es immer wieder Spornschildkröten *(Geochelone sulcata)* im Angebot der Zoohändler. Bei den sehr großen Ar-ten muss man den Tieren möglichst einen ganzen Raum zur Verfügung zu stellen. Dieser kann durch die Zentralheizung auf die notwendigen Temperaturen gebracht werden. Auch bei ihnen dürfen zusätzliche, leistungsstarke Wärmestrahler nicht fehlen. Die Böden solcher Anlagen sind häufig ver-siegelt. Eine in den Boden eingelassene Wanne ist mit grab-fähigem Substrat (Sand, Sand-Walderde-Gemisch) gefüllt. Häufig graben die Schildkröten sich darin ein, bzw. benutzen diese Stelle auch als Eiablageplatz. Bei der Planung sollte man an das Wasserbecken einen Abflusshahn installieren. Dies erleichtert den Wasserwechsel.

> **ACHTUNG**
> Besser als Betonboden oder geflieste Böden sind Sandböden, da sich die Krallen der Schildkröten auf dem harten Unter-grund zu sehr abnutzen können.

Feuchtwarmes Tropenterrarium

Die Schildkröten für diese Terrarien benötigen zu ihrem Wohlbefinden neben relativ hohen Temperaturen auch eine höhere Luftfeuchtigkeit. Bei den meisten Arten ist selbst von einer zeitweisen Freilandhaltung völlig abzusehen. Außerdem ist bei ihnen mindesten 1 × täglich zu sprühen oder die Einrichtung im Sommer sogar ausgiebig zu überbrausen. Um die Luftfeuchtigkeit zu halten, ist bei kleineren Arten und Jungtieren ein geschlossenes Terrarium mit Lüftungsfeldern angebracht.

> **TIPP** Alle Materialien in einem Tropenterrarium müssen die hohe Luftfeuchtigkeit vertragen. Es darf sich kein Schimmel bilden.

Buchenhäcksel als Bodengrund

Für diese Terrarien hat sich Buchenhäcksel als Bodengrund besonders gut bewährt, denn das Material schimmelt auch bei häufigem Sprühen nicht. Der Bodengrund sollte auf alle Fälle so hoch wie die Schildkröten sein, da sie sich gerne darin eingraben. Eine Wanne mit einem leicht feucht zu haltenden Sand-Walderde-Gemisch kann man als Eiablageplatz dort platzieren, wo durch einen Wärmestrahler Temperaturen zwischen 24 und 32 °C herrschen.

Ein Planschbecken zum Baden

Viele Landschildkröten aus tropischen und subtropischen Gebieten brauchen für ihr Wohlbefinden eine Gelegenheit zum Baden. Entweder stellt man eine flache Schale in das Terrarium oder man baut eine »Badewanne« ein, am besten mit einem Abfluss, damit das Wasser abgelassen werden kann. Das Wasser darf nicht tiefer sein als die halbe Panzerhöhe und sollte eine Temperatur von ungefähr 27 °C haben. Der an das Wasserbecken anschließende Teil des Terrariumbodens kann mit Kies gefüllt werden, der das von den Schildkröten heruntertropfende Wasser auffängt. Da die Tiere häufig ihren Kot in ihrem Badebecken absetzen, muss das Wasser täglich erneuert werden.

Auf keinen Fall darf das Wasser mit einem Schlauch abgesaugt werden, das der Pfleger mit dem Mund ansaugt. Durch die Keime im Abwasser kann der Pfleger ernsthaft erkranken.

Viel Wärme und gute Verstecke

Da die Schildkröten dieser Gruppe keine eigentlichen »Sonnenanbeter« sind, ist nur ein Drittel oder die Hälfte des Terrariums mit Wärmestrahlern auszustatten, der übrige Teil sollte auch etwas schattiger bleiben. Innerhalb des Terrariums bietet man den Tieren Temperaturen zwischen 23 und 26 °C und unter den Strahlern 35−40 °C.

Versteckmöglichkeiten schafft man am einfachsten durch eine Kunsthöhle, und einige Wurzelstücke oder Äste unterteilen das Terrarium in verschiedene Bereiche. Manche Arten, wie die Südamerikanische Köhlerschildkröte *(Geochelone carbonaria)* und Waldschildkröte *(Geochelone denticulata)*, vor allem aber die Hinterindische Landschildkröte *(Manouria emys)*, können recht groß werden und benötigen entsprechend geräumige Terrarien, am besten einen ganzen Raum. Bei ihnen sollte der Bodengrund mindestens am Eiablageplatz so hoch wie die Schildkröten sein. Für die kleiner bleibenden Arten, wie die der Gattung *Kinixys*, genügen geräumige Zimmerterrarien.

> **TIPP** Für größere Tropenterrarien lohnt sich die Anschaffung einer »Nebelanlage«, bzw. eines Luftbefeuchters, die oder der sich automatisch einschaltet.

Die Köhlerschildkröte ist in den Steppen Vorderindiens zuhause.

Freilandterrarium

TIPP Niedrige Sträucher und Büsche beschatten einen kleinen Bereich, in den sich die Schildkröten zurückziehen können.

Im Gegensatz zu einem Zimmerterrarium kann man das Freilandterrarium meistens sehr großzügig gestalten. Die Hauptvorteile liegen darin, dass die Schildkröten dort direktes Sonnenlicht und Frischluft erhalten und eine großzügige Bewegungsfreiheit. Wie bereits erwähnt, sind Freilandterrarien in erster Linie für europäische Landschildkröten geeignet.

Standort und Umfriedung

Halter europäischer Landschildkröten sollten immer im Besitz eines Gartens sein, der möglichst nach Süden ausgerichtet ist und nicht durch Bäume oder Gebäude beschattet wird. Es ist leichter, innerhalb der Freilandanlage einige Schattenplätze einzurichten, als etwa zusätzliche Licht- und Wärmequellen zu installieren. Im günstigsten Fall ist die Stelle des zukünftigen Freilandterrariums bereits mit unterschiedlichen Wildkräutern bewachsen, so dass den Schildkröten ein abwechslungsreiches Nahrungsangebot zur Verfügung steht. Will man eine größere Schildkrötenherde halten, sollte die Fläche sehr großzügig bemessen sein, damit sich die Tiere auch einmal aus dem Wege gehen und immer wieder andere Futterquellen erschließen können.

TIPP Lassen Sie auf der Fläche des Freilandterrariums verschiedene Wildkräuter wachsen, z.B. Klee, Wegerich und Löwenzahn. Das ist eine abwechslungsreiche Kost für die Schildkröten.

Um die Landschildkröten am Entweichen zu hindern, muss dieser Bereich umfriedet werden. Die Umfriedung kann aus den verschiedensten Materialien errichtet werden. Am aufwändigsten ist eine Ziegelmauer, am einfachsten

Ein kleiner Hügel im Freigelände regt die Tiere an, sich zu bewegen. Der Zaun (links) muss eingegraben werden.

Freilandgehege für Land-schildkröten: ❶ *Eiablage-hügel mit niedrigem Buschwerk und krautigen Pflanzen,* ❷ *halbhohes Buschwerk,* ❸ *Bade-becken,* ❹ *Schutzhaus,* ❺ *tiefste Stelle der Ent-wässerung,* ❻ *Futter-pflanzenanbau,* ❼ *Ab-sperrung,* ❽ *Futterraufe,* ❾ *Umfriedung*

sind Holzbretter, die man an niedrige Zaunpfosten nagelt. Da Landschildkröten vor allem in den Ecken manchmal überein-ander klettern und dadurch auch niedrige Umfriedungen überwinden können, rechnet man für die Höhe mindestens die dreifache Panzerhöhe. Eine nach innen ragende Leiste er-schwert den Ausbruch zusätzlich. Da Landschildkröten auch recht gut graben können, muss das Freilandterrarium auch nach unten abgesichert werden.

Die Einrichtung

Bei der Einrichtung der Freilandanlage ist lediglich darauf zu achten, dass man den Schildkröten möglichst abwechslungs-reiche Zonen schafft. Wichtig sind vor allem sonnige und schattige Stellen. Um das Gelände auch für die Schildkröten interessant zu gestalten, bringt man einige größere Steine oder Wurzeln ein. Diese Hindernisse zwingen die Tiere, ihnen auszuweichen – und auf diese Weise entstehen zahlreiche Wege, Nischen sowie bevorzugte und weniger bevorzugte Stellen.

Außerdem laden Hügel zum Erklettern ein. In einer Mulde kann man mit einem Stück Teichfolie eine kleine Tränke mo-dellieren, an der die Schildkröten immer etwas Wasser vorfin-den. Die Tränke darf nur so tief sein, dass die Schildkröte be-quem darin stehen, trinken und die Tränke bequem begehen kann.

> **WICHTIG**
> Die Freilandanlage darf nicht an einer Stelle an-gelegt werden, die stän-dig durch Autoabgase oder sonstige Luftverun-reinigungen beeinträch-tigt wird.

Eigenheim für Landschildkröten

Um den Landschildkröten die Möglichkeit zu geben, die Nacht oder kühle Zeiten an einem geschützten Ort zu verbringen, in dem sie sich auch sicher fühlen können, baut man für sie auch im Freilandterrarium Kunsthöhlen oder eine Schutzhütte. Dabei ist darauf zu achten, dass die Tiere darin genügend Platz finden und die Höhle oder Hütte leicht aufsuchen und verlassen können. Am einfachsten ist es, einige Kellersteine (24 × 17 × 50 cm) so auf dem Boden zu fixieren, dass nach dem Abdecken mit Brettern oder noch besser einer Steinplatte, einer Kunststofffolie und Erde eine Kunsthöhle entsteht. Dabei sollte sich der Eingang entgegengesetzt von der Wetterseite befinden! Wem es optisch besser gefällt, der kann auch eine aufwändige, dreiseitig geschlossene Hütte mit Satteldach bauen. Ist die Schutzhütte fertig, gibt man noch einen Haufen Heu hinein, so dass die Schildkröten sich darin völlig verbergen können.

Das Gewächshaus

Schutzhaus für Landschildkröten.

Besonders vorteilhaft ist es bei der Haltung von Landschildkröten, wenn sich an die Freilandanlage ein Gewächshaus anschließt.

Ein Gewächshaus ist eine wesentliche Bereicherung eines Freilandterrariums. Man bekommt Gewächshäuser als fertige Bausätze fast in jedem Baumarkt. Geschickte Bastler können sich ein Gewächshaus aber durchaus auch nach eigenen Vorstellungen bauen. Nicht nur, dass die Schildkröten bei längeren Niederschlägen immer noch trocken gehalten werden können, sondern bereits eine geringe Sonneneinstrahlung heizt das Gewächshaus auf und bietet den Tieren optimale Temperaturen. Dadurch werden selbst im Frühjahr im Laufe des Morgens oft schon Temperaturen zwischen 30–40 °C erreicht, und selbst am Boden kann man Temperaturen von 20–25 °C messen. Im Gewächshaus sind die Schildkröten zu dieser Zeit deutlich aktiver als im Freilandterrarium.

Im Frühjahr und Herbst können Landschildkröten im Gewächshaus sehr viel länger »draußen« bleiben als in einer Freilandanlage. Auch tropische Landschildkröten können im Sommer in einem Gewächshaus sehr gut gehalten werden und geraten dort auch viel eher in Fortpflanzungsstimmung als im Zimmerterrarium.

Wenn es nicht ein zu hoher Kostenfaktor, vor allem aber auch eine erhebliche Energieverschwendung wäre, dann wären Gewächshäuser, die man in der kühleren Jahreszeit beheizen kann, für viele Landschildkröten die ideale Unterbringung. Nutzt man das Gewächshaus auch für die Anzucht von Pflanzen, »rechnet« es sich vielleicht doch.

> **TIPP** **Automatische Fensteröffner für Gewächshäuser** sind nicht sonderlich kostspielig und öffnen bei Erreichen zu hoher Temperaturen frühzeitig die Dachfenster!

Eiablageplatz

Um die Eier vor Niederschlägen zu schützen, graben Landschildkröten ihre Nistgruben sehr gerne in Hügel oder an Stellen mit leichter Hangneigung. Legt man in der Freilandanlage einen Hügel mit grabfähiger Erde an, benutzen ihn die Weibchen nicht nur als Bereicherung ihrer Wanderstrecke, sondern auch als Eiablageplatz. Man muss aber darauf achten, dass sich in dem Hügel keine Steine befinden. Stößt die Schildkröte beim Graben auf Steine, bricht sie diese Tätigkeit ab und sucht nach einem anderen geeigneten Eiablageplatz.

Das große Freilandgehege mit einem Zugang zum Gewächshaus bietet viel Abwechslung.

SPECIAL

Sommerfrische auf dem Balkon

Sie haben keinen Garten, möchten aber gerne europäische Landschildkröten halten? Dann haben Sie doch hoffentlich zumindest einen Balkon. Und dieser Balkon ist recht groß, nach Süden ausgerichtet und wird im Sommer sehr lange von der Sonne erreicht? Ist er überdacht, so dass es nicht hineinregnen kann?

Wenn diese Voraussetzungen erfüllt werden, können Sie ein Balkon-Terrarium planen und bauen. Aber bedenken Sie: Fühlen Sie sich auf dem Balkon wohl, oder vermiesen Lärm und Abgase Ihnen dort den Aufenthalt?

Schildkröten brauchen die UV–Strahlen der Sonne

Ein Balkonterrarium ist eine Kombination zwischen Zimmer- und Freilandterrarium. Es wird im Wesentlichen wie ein Zimmerterrarium konzipiert, hat aber den Vorteil, dass die Schildkröten – wie im Freilandterrarium – dem direkten Sonnenlicht ausgesetzt sind und frische Luft genießen können.

Damit dies so ist, darf das Balkon-Terrarium auch nicht völlig mit Glas umgeben sein. Es würde sich bereits bei der geringsten Sonneneinstrahlung wie in einem Gewächshaus aufheizen, und die Schildkröten wären dem Hitzetod ausgesetzt. Außerdem lässt Glas kein UV-Licht durch, sondern filtert diese kurzwelligen Strahlen völlig heraus. Damit entginge den Schildkröten der besondere Vorteil der Freilandhaltung. Mit Hilfe von UV-Licht wird näm-

lich in der Haut aus einem Provitamin das Vitamin D erzeugt. Dieses Vitamin ist unentbehrlich für den normalen Kalk- und Phosphorstoffwechsel (Knochenaufbau). Fehlt Vitamin D, kommt es zwangsläufig zu rachitischen Knochenveränderungen. Insbesondere Jungtiere, die man im Sommer gut in einem Balkonterrarium halten kann, würden darunter leiden.

Als Balkonterrarium genügt eine einfache Holzkonstruktion, die eine große Grundfläche bietet und an den Seiten mit Holzbrettern umfriedet ist. Damit das Holz nicht so schnell verwittert, ist ein Wasser abweisender Schutzanstrich erforderlich. Bei dieser Bauweise kann man die Schildkröten jedoch nur von oben beobachten.

Eine weitere Alternative für ein Balkonterrarium ist ein kleiner Sandkasten. Als Untergrund eignet sich Teichfolie, die innen an der Begrenzung befestigt wird. Achten Sie darauf, dass die Einfriedung hoch genug ist und nach innen einen Vorsprung aufweist, damit die Tiere nicht hinausklettern können.

Für die notwendigen Temperaturen sorgen

Eine weitere Möglichkeit ist die, das Balkonterrarium (wie auf Seite 40/41 beschrieben) zu bauen und an einer Seite statt Glas engen Maschendraht oder Gaze einzusetzen. Dadurch können auch von der Seite UV-Strahlen in das Terrarium gelangen. Und möchte man, dass auch über die Frontscheibe UV-Strahlen eindringen können, muss man nur statt einer Glasscheibe eine Plastikscheibe (z. B. Acrylglas) verwenden. Um im Balkonterrarium

Ein Sandkasten, wie man ihn in Baumärkten bekommt, lässt sich in ein schönes Balkonterrarium umfunktionieren.

zum Beispiel höhere Temperaturen zu erreichen, kann man bei Bedarf das Terrarium oben mit einer Plastikscheibe abdecken. Im Gegensatz zu einem Freilandterrarium ist es nicht so kompliziert, im Balkonterrarium an trüben Tagen einen Wärmestrahler einzuschalten. Denn auf dem Balkon einen Stromanschluss zu installieren, falls er noch nicht vorhanden ist, dürfte kein Problem sein.

Bei der Einrichtung dieses Terrariums ist vor allem eine Kunsthöhle wichtig, in die sich die Schildkröten an trüben Tagen und nachts, aber auch, wenn die Sonne es einmal zu gut meint, zurückziehen können. Aus dem gleichen Grund ist auch nicht mit dem Bodengrund zu sparen, der bei höheren Temperaturen isolierend wirken kann. Manche Schildkröten graben

sich bei ansteigenden Temperaturen auch gerne darin ein. Deshalb kann der Bodengrund durchaus die doppelte Höhe der Schildkröten haben und aus einem lockeren Walderde/Sand-Gemisch bestehen.

Für das Balkonterrarium sind vor allem, wie bereits oben erwähnt, europäische Landschildkröten geeignet. Je nach Balkongröße handelt es sich dann höchstens um sehr junge oder halbwüchsige Exemplare. Bei einem besonders günstigen Standort kann man im Sommer aber auch Landschildkröten der heißen Trockengebiete oder warmen Feuchtklimate darin pflegen. Denn ein Balkon ist immer wesentlich geschützter als eine reine Freilandanlage. In Terrarianerkreisen bezeichnet man solche Balkonterrarien auch als »Freilufterrarien«.

Futter, Nachwuchs und die Winterruhe

Für Gärtner sind sie »Unkraut«,

für Landschildkröten echte

Delikatessen: Löwenzahn, Klee,

Vogelmieren & Co. Und wenn das

Futter stimmt, dann klappt es auch

mit dem Nachwuchs.

*Löwenzahn und andere Wildkräuter bekommen
Schildkröten nur dann, wenn der Rasen
weder gedüngt noch gespritzt wurde.*

Ernährung

Als Futter für Landschildkröten dienen in erster Linie Pflanzenteile. Da die Palette der Nahrungspflanzen in der Heimat der Schildkröten weit gefächert ist, müssen sie in Menschenobhut ebenfalls abwechslungsreich gefüttert werden.
Mit ihrer Nahrung nehmen sie in der Natur auch genügend
Mineralien und Vitamine auf, so dass es nicht zu einer Unterversorgung kommt. Da in der Landwirtschaft gewöhnlich
mehr darauf geachtet wird, möglichst schnell und effektiv zu
produzieren, werden beim Salat-, Obst- und Gemüseanbau oft
Düngemittel und Pestizide eingesetzt. Daher ist es am besten,
wenn man an Futterpflanzen kommt, die davon nicht betrof-
fen sind. So ist zum Beispiel auf Treibhaussalat völlig zu verzichten, obwohl Landschildkröten sehr gerne Salat verzehren.

Futter für Landschildkröten

Wildkräuter	Obst	Gemüse	Sonstiges
alle Kleearten	Äpfel	Kopf- und Dalienblätter	Pflücksalat
Löwenzahn	Birnen	alle Kohlarten	Heu
Huflattichblüten und -blätter	Kirschen	Mangold	Stroh
Wegeriche	Pflaumen	Spinat	
Disteln	Erdbeeren	Möhren	
Luzerne	Melonen	Bohnen- und Erbsenranken	
Vogelmiere	Bananen	Gurken	

In eine Raufe mit Bügeln
können Schildkröten
nicht hinein klettern und
das Futter verschmutzen.

Ein »Rasen« mit vielen Wildkräutern ist für Landschildkröten ein Schlaraffenland.

Futterzusätze

In den meisten Wildkräutern sind genügend Mineralien, Spurenelemente und Vitamine vorhanden. Da man seine Landschildkröten nicht nur damit füttert, ist es unbedingt erforderlich, ihr Futter mindestens zwei- bis dreimal pro Woche mit Mineralstoff- und Vitaminpräparaten anzureichern. Beim Zufüttern von Kalk schwören viele Pfleger auf Sepiaschalen-Stückchen oder klein geriebene Hühnereischalen, die man wahllos im Terrarium verstreuen kann und die von den Schildkröten oft gezielt gesucht und vertilgt werden. Einfacher ist das Bestäuben des Futters mit fertigen Präparaten, wie zum Beispiel Vitakalk oder Corvimin ZVT. Letzteres kann man beim Tierarzt erhalten, ersteres im Zoohandel. Zu den wenigen kalziumreichen Gemüsesorten und Grünfuttermitteln mit gleichzeitig günstigem Ca/P-Verhältnis zählen Gartenkresse, Grünkohl und Petersilie sowie Löwenzahn und Weißklee!

Werden die Schildkröten im Sommer im Freien gehalten, muss man mit Vitaminpräparaten vorsichtig sein. Eine Überdosierung von Vitamin A führt zu schweren Hautschäden.

> **TIPP** **Füttern Sie nicht zu oft Gurken, Tomaten, Paprika und Kürbis, da sie die niedrigsten Kalziumwerte haben und dies bei den Schildkröten zu einem massiven Phosphorüberschuss führen kann!**

Sollte man auch tierische Kost verfüttern?

Wie bereits erwähnt, verschmähen viele Landschildkröten auch einen über ihren Weg laufenden Regenwurm nicht, aber auch Insektenlarven, Schnecken oder Aas. Da dies in der Natur jedoch nur selten vorkommt, stellt solche Zusatznahrung für die Schildkröten immer etwas Besonderes dar. Es schadet also nicht, wenn Sie mal beim Umgraben im Garten einen Regenwurm finden und ihn ihren Schildkröten vorwerfen.

Abzuraten ist aber von einer regelmäßigen Fütterung tierischer, also sehr proteinhaltiger Kost. Hierdurch kann es nämlich zu einer Überproduktion und Anreicherung von Harnsäure im Blut kommen und dadurch zur Gicht. Aus dem gleichen Grund rate ich auch vom Verfüttern von Dosenfutter für Hunde und Katzen ab. Oft sind in diesem Futter zu viele Proteine und zu wenig Ballaststoffe. Außerdem können einige Landschildkröten sich so sehr an solches Futter gewöhnen, dass sie ihrem natürlicherem Futter gegenüber immer wählerischer werden. Jungtiere sollten überhaupt keine tierische Kost bekommen, sondern vor allem faserreiches Grünfutter.

TIPP Füttern Sie im Zimmerterrarium immer nur so viel, wie die Schildkröten sofort verzehren. Anschließend entfernen Sie das übrige Futter bis auf einen kleinen Rest. So kommt es nicht so schnell zu einer Verfettung!

WICHTIG
Wie von anderen Reptilien bekannt, nehmen auch Landschildkröten eigenen Kot oder den von Artgenossen auf. Bei Jungschildkröten wird dadurch offenbar erst die Darmflora aufgebaut!

Tomaten dürfen nicht zu oft auf dem Speisezettel stehen.

Wie oft sollte man füttern?

Es ist nicht leicht, den Schildkröten die natürliche Nahrung der freien Wildbahn annähernd zu ersetzen. Oft fehlen in der Menschenobhut auch Anreize zur Bewegung. Ausgewachsene Schildkröten sollten nicht täglich gefüttert werden. Ein, zwei Fastentage pro Woche sind anzuraten, bei kühler Witterung ist gar nicht zu füttern. Bei der Haltung größerer Gruppen stehen die Tiere häufig unter Futterneid, dabei ist ein Überfressen möglich, so dass sie verfetten und für die Fortpflanzung untauglich werden. Quillt an den Panzeröffnungen schon Weichteilmasse hervor, sind die Schildkröten bereits zu fett geworden. Dies passiert vor allem leicht, wenn man den Tieren zu oft besonders nährstoffreiches Futter anbietet und sie gleichzeitig zu wenig Bewegungsmöglichkeiten haben. Regelmäßige Gewichtskontrollen sind wichtig.

Bei Schildkröten, die im Sommer im Freiland gehalten werden, ist eine Verfettung so gut wie nie zu beobachten, vor allem dann, wenn sie ein großes Gelände mit vielen Wildkräutern zur Verfügung haben.

> **ACHTUNG**
> Mit einem Rohfettgehalt von unter 10 % in der Trockensubstanz der Futterrationen ist der Bedarf von Landschildkröten gedeckt. Dieser Wert wird durch Pflanzenfutter erreicht!

> **ACHTUNG**
> Für Jungtiere europäischer Landschildkröten kann derzeit von einem Eiweißbedarf um 25 %, für Erwachsene um 20 % in der Futtertrockensubstanz ausgegangen werden!

Gänseblümchen enthalten reichlich fette Öle, wie auch viele andere Wildkräuter.

Jahresrhythmus

In unseren Breitengraden kennen wir jahreszeitlich unterschiedliche Tageslichtlängen. Im Sommer beginnt bereits am frühen Morgen der Sonnenaufgang und erst spät am Abend geht die Sonne wieder unter. Im Winter dagegen verlassen viele am Morgen im Dunkeln das Haus und kehren im Dunkeln wieder von der Arbeit nach Hause. Diese unterschiedlichen Tageslichtlängen gibt es auch in der Heimat der europäischen Landschildkröten. Daher sind sie bei uns auch recht gut in Freilandanlagen zu halten, und mit abnehmender Tageslichtlänge bereiten sie sich, auch unabhängig von den sinkenden Temperaturen, auf die Winterruhe vor. Selbst im Zimmerterrarium gehaltene Exemplare werden im Herbst immer ruhiger, auch bei normalen Temperaturen.

Anders ist es dagegen bei Landschildkröten aus tropischen Regionen. Bei ihnen unterscheiden sich die Tageslichtlängen nur unwesentlich. Fast immer ist es je nach Region zwischen 10 bis 13 Stunden am Tag hell. In der Heimat dieser Schildkröten unterscheiden sich die »Jahreszeiten« meist lediglich durch eine heiße Trockenzeit und feuchte Regenzeit mit den jeweiligen Übergangszeiten.

Klimawechsel beeinflusst die Fortpflanzung

Auch um Landschildkröten zur Fortpflanzung zu bewegen, ist es unbedingt erforderlich, ihnen einen Jahresrhythmus zu bieten, der ihrem Lebensrhythmus entspricht. Das heißt, die unterschiedlichen Jahreszeiten steuern ihre biologische Uhr und viele Lebensvorgänge. Auch die Produktion von Ei- und Samenzellen steht im engen Zusammenhang mit dem Jahresrhythmus.

Lesen Sie in einem Klimaatlas über die in der Heimat der jeweiligen Landschildkröten herrschenden Klimabedingungen nach und bieten Sie ihnen möglichst die gleichen Tageslichtlängen und Temperaturschwankungen.

Übrigens: In der Natur wird es am Morgen erst sehr langsam immer heller und am Ende des Tages wieder langsam dunkler. Steuern Sie die Kunstbeleuchtung des Zimmerterrariums mit einer Zeitschaluhr so, dass die einzelnen Lampen in

Der Lebensraum der Gopher-Schildkröten (Südstaaten/USA) ist von trockenen Wintern und feuchten Sommern geprägt.

einem Abstand von 5 bis 15 Minuten ein- und ausgeschaltet werden!

Erstellen Sie am besten einen Plan über den Jahresrhythmus, hängen ihn in der Nähe des Terrariums auf und korrigieren Sie jeden Monat die Beleuchtungs- und Heizzeiten an Ihrer Zeitschaltuhr. Zu einem wesentlichen Faktor im Jahres- und Fortpflanzungsrhythmus von Schildkröten aus den gemäßigten Breiten gehört unbedingt die Winterruhe, richtiger: die Winterstarre, da es sich ja um wechselwarme Tiere handelt.

Schildkröten aus sehr heißen Trockengebieten in Afrika oder Südamerika erleben im Laufe eines Jahres ebenfalls Klimaveränderungen. In manchen Regionen kann es auch im Winter recht kalt werden oder eine kurze Regenzeit plötzlich das Klima verändern.

Bei Landschildkröten aus den feuchtwarmen Regionen im südostasiatischen Raum, in afrikanischen und südamerikanischen Regenwäldern und Sumpfgebieten unterscheidet sich der Jahresrhythmus im Groben oft nur durch eine trockenere Periode und eine länger anhaltende Regenzeit.

> **ACHTUNG**
> In der Heimat der Schildkröten gibt es auch in der warmen Jahreszeit einzelne trübe Tage. Lassen Sie ruhig innerhalb eines Monats einen Wärmestrahler für einige Stunden ausgeschaltet!

Winterruhe

Gewöhnlich suchen die Landschildkröten der gemäßigten Breiten, sobald die Außentemperaturen sinken, eine frostsichere Stelle auf, an der sie aufgrund ihrer Abhängigkeit von den Temperaturen in eine »Winterstarre« fallen. In Menschenobhut kann man diese Schildkröten zwar auch ganzjährig warm im Terrarium pflegen (vor allem Jungtiere), wobei sie normal weitergefüttert werden. Aber manchmal ziehen sie sich auch dann in ein Versteck zurück und lassen sich kaum einmal sehen. Um sie artgerecht zu halten und um die Schildkröten später auch in Fortpflanzungsstimmung zu bekommen, ist aber eine Überwinterung notwendig.

Vorbereitung

Insbesondere Landschildkröten, die den Sommer in einer Freilandanlage verbringen, erleben dort auf natürliche Weise, dass im Herbst die Temperaturen niedriger werden.

Sobald die Tiere im Herbst Anstalten zeigen, sich für die Winterruhe einzugraben, erhalten sie in Abständen von zwei Tagen 1 bis 2 Reinigungsbäder, um ihren Darm zu entleeren. Zuvor sollten die Schildkröten bereits zwei Wochen gefastet und sich vor dem Bad etwa eine Stunde in einem warmen Zimmer befunden haben.

Zum Baden setzt man die Schildkröten in eine Wanne, die einige Zentimeter hoch mit lauwarmem Wasser (ca. 25 bis 30 °C) gefüllt sein muss, so dass die Tiere bequem den Kopf herausstrecken können. Bald trinken die Schildkröten und leeren anschließend ihren Darm. Dies ist unbedingt erforderlich, da sich diese Reste im Darm sonst zersetzen. Eine Schildkröte kann dabei von innen verfaulen!

Überwinterungskiste

Eine Überwinterungskiste schützt vor Mäusen und anderen Nagern, die den ruhenden Schildkröten schaden könnten. Man stellt die Kiste in einen ungeheizten Keller oder eine Garage. Denn die Umgebung muss dabei Temperaturen von etwa 5 °C aufweisen.

Die Überwinterungskiste muss mit einem Drahtgitter zum Schutz vor Nagetieren verschlossen werden.

Als Füllmaterial, in das sich die Tiere verkriechen können, haben sich feuchte Schaumstoffschnitzel, Torfmoos (kein Torf!) und Buchenlaub bewährt. Das Substrat sollten Sie monatlich kontrollieren und bei Bedarf wieder leicht anfeuchten.

Bei mir hat sich eine Methode zur Überwinterung der Schildkröten als besonders günstig erwiesen. Rechtzeitig vor der Überwinterung fülle ich einen Keller-Lichtschacht halb mit feuchtem Buchenlaub. Nach dem letzten Reinigungsbad setze ich die Schildkröten dort hinein und schon bald haben sie sich im Laub verkrochen. Dieser Lichtschacht (Kasematte) befindet sich im Bereich der überdachten Terrasse und es kann dort nicht hineinregnen. Trotzdem decke ich den Lichtschacht mit einer Holzplatte ab, denn die Schildkröten möchten dunkel überwintern. Auch bei Minusgraden sind die Schildkröten in dem etwa 1 m tiefen Lichtschacht »frostsicher« untergebracht. Vom Keller aus kann ich die Lichtschachtfenster öffnen und die Schildkröten und die im Lichtschacht herrschenden Temperaturen kontrollieren.

> **ACHTUNG**
> **Schildkröten dürfen nicht plötzlich aus der Winterruhe in einen sehr warmen Raum gesetzt werden. Lassen Sie die Tiere sich langsam an höhere Temperaturen gewöhnen!**

Erwachen aus der Winterstarre

Mit dem Ansteigen der Außentemperaturen erwachen die Schildkröten aus der Starre, und ihr Kreislauf, der Grundumsatz und alle anderen Körpervorgänge beginnen sich wieder zu regen.

Nach dem Erwachen klettern die Schildkröten manchmal so laut in ihrer Überwinterungskiste oder im Lichtschacht herum, dass man dies nicht überhören kann.

Steht die Überwinterungskiste an einem dauerhaft kühlen Platz, holt man die Schildkröten etwa im April hervor und an eine wärmere Stelle. Ein geräumiges Zimmerterrarium wäre die beste Lösung. Dort lässt man die Schildkröten – ohne die Beleuchtung und Wärmestrahler einzuschalten – erst einmal wach werden. Die Raumtemperatur sollte zwischen 20 und 22 ° C liegen. Nach einiger Zeit beginnen die Schildkröten durch das Terrarium zu laufen. Warten Sie, bis die Tier von alleine in Bewegung kommen und animieren Sie sie nicht dazu. Wenn es so weit ist, müssen Sie folgendes tun:

● Baden Sie die Tiere in 24 bis 26 ° C warmen Wasser. Dabei trinken sie viel und entleeren ihren Darm.

● Bieten Sie den Tieren täglich frisches Wasser und Futter an, auch wenn es bis zu einer Woche dauert, bis sie zu fressen beginnen.

TIPP   **Tragen Sie Ihre Beobachtungen in das Schildkröten-Tagebuch ein, ebenso die Werte der regelmäßigen Gewichtskontrollen etc.!**

Wenn die Schildkröte nicht schlafen will

Nicht nur durch das Sinken der Temperaturen werden die Landschildkröten der gemäßigten Breiten im Herbst allmählich ruhiger und ziehen sich zurück. Offenbar wird die bald beginnende Winterruhe auch durch andere Faktoren beeinflusst. In ihrem natürlichen Lebensraum kann man nämlich europäische Landschildkröten bereits im Hochsommer kaum noch beobachten. Vor allem ältere Exemplare haben sich oft bereits in ihr Winterquartier zurückgezogen, obwohl draußen noch Temperaturen herrschen, mit denen sie ohne Probleme ihre »Betriebstemperaturen« noch erreichen könnten.

Es wird vermutet, dass der Beginn der Ruhephase auch hormonell gesteuert wird. Denn Landschildkröten aus heißen Trockengebieten können im Sommer ebenfalls in einer Höhle oder einem anderen Versteck in einen schlafähnlichen Zustand gleiten. Sie halten einen sogenannten »Sommerschlaf«, wobei ebenfalls der Kreislauf, Grundumsatz und die übrigen Lebensvorgänge auf ein Minimum reduziert werden – wie in der Winterstarre. Dies ist eine sinnvolle Einrichtung, denn draußen herrschen auch für Schildkröten unzumutbare Temperaturen!

Sollte eine Schildkröte vor der Winterruhe keine Anstalten machen, ruhiger zu werden und immer noch aktiv bleiben, ja sogar hektisch herumzulaufen, liegt der Verdacht nahe, dass das Tier krank ist. Irgendeine physische Störung hält die Schildkröte wach – und wir müssen dies berücksichtigen. Haben die regelmäßigen Gewichtskontrollen nicht schon vorher gezeigt, dass etwas nicht stimmt?

Machen sie einen Gesundheitscheck und lassen sie von dem Tier Kotproben untersuchen. Möglicherweise belasten Innenparasiten die Schildkröte so, dass sie nicht die richtige Ruhe findet. Keinesfalls dürfen sie das Tier nun einfach in eine Überwinterungskiste sperren. Erst müssen die Störungen behoben sein. Notfalls ist die Schildkröte eine zeitlang in Quarantäne zu halten.

> **ACHTUNG**
> Jede Schildkröte ist ein individuelles Wesen mit bestimmten Vorlieben und Eigenarten. Durch häufiges Beobachten lernen wir diese Eigenarten kennen und einzuschätzen!

Maurische Landschildkröten, hier die Unterart Testudo graeca ibera, *brauchen eine Winterruhe.*

Zucht

Auch unter Landschildkröten gibt es Exemplare, die sich mögen oder auch ablehnen. Um sich aber erfolgreich im Terrarium vermehren zu können, muss man mindestens ein harmonierendes Paar haben. Um dies zu gewährleisten, hält man Landschildkröten gewöhnlich als Gruppe von einem Männchen und 2 bis 3 Weibchen, oder 2 Männchen und 3 bis 4 Weibchen. Achten Sie auf folgendes:

● Die Schildkröten sollten in der Größe nicht zu sehr abweichen,Weibchen sind meistens etwas größer als Männchen.
● Erwerben Sie Landschildkröten aus der gleichen Region, da sie in etwa den gleichen Lebensrhythmus haben.
● Halten Sie bei Ihren Tieren den Jahresrhythmus ein!

Paarung

Im Verlauf des natürlichen Jahresrhythmus werden die meisten Landschildkröten in einem bestimmten Zeitraum fort-

Dicht nebeneinander legt das Weibchen die weißlichen Eier in eine kleine Grube.

pflanzungsbereit. Häufig sondern die Schildkröten-Weibchen aus speziellen Drüsen Duftstoffe ab, wodurch die Männchen zur Paarung animiert werden. Manchmal ist es auch sinnvoll, Männchen von den Weibchen zeitweise einmal getrennt zu halten und sie hin und wieder zusammenzusetzen.

Eiablage

Obwohl viele Landschildkröten-Weibchen (vielleicht alle?) auch einige Jahre nach der letzten Paarung noch befruchtete Eier ablegen, da sie Spermien speichern können, legen sie in Menschenobhut doch gewöhnlich 3–6 Wochen nach der Paarung ihre Eier ab. Zuvor suchen sie einen geeigneten Eiablageplatz. Manchmal prüfen sie mit ihrer Schnauze den Boden, führen Probegrabungen durch und wandern unruhig umher. Es können dabei aber immer noch einige Tage vergehen.

Wird das Weibchen immer wieder durch zu viele Artgenossen oder gar durch paarungsbereite Männchen gestört, entfernt man diese für einige Zeit.

> **WICHTIG**
> Von der Ablage an und während der gesamten Brutdauer dürfen die Eier nicht gedreht werden, weil sonst das Dotter das Embryo erdrückt und das Ei abstirbt.

Bergung und Bebrütung der Eier

Schildkröteneier sind immer zu bergen und künstlich zu bebrüten. Nachdem man vorsichtig die Nistgrube aufgescharrt und die Eier freigelegt hat, entnimmt man sie – ohne die Lage zu verändern – und legt sie in einen vorbereiteten Brutbehälter. Das kann zum Beispiel eine große Kühlschrankdose sein oder ein elektrischer Brutbehälter (Zoofachhandel), die man etwa zur Hälfte mit einem leicht feuchten Substrat füllt. Dafür geeignet ist grober Sand, feiner und mittelgrober Kies, aber auch schadstofffreies Vermiculit und das Pflanzensubstrat Seramis. Mit einem Bleistift schreibt man oben auf die harte Kalkschale der Eier das Ablagedatum. Dann muss man das Ablagedatum auf den Brutbehälter schreiben. Zuletzt deckt man den Brutbehälter mit einem leicht feuchten Tuch und einem Deckel oder einer Glasscheibe zu. Anschließend stellt man den Brutbehälter an einen Platz, an dem Temperaturen zwischen 26 und 32 °C herrschen. Nach Ablauf der Entwicklungszeit bilden sich manchmal auf den Eiern kleine Tropfen. Man spricht davon, dass die Eier »schwitzen«. Dies ist ein Zeichen, dass der Schlupf des Jungtieres bevorsteht.

Im Vergleich zu dem Embryo ist das Dotter sehr groß und schwer.

Aufzucht der Jungtiere

> **TIPP** **Um jungen Schildkröten möglichst viel Sonnenlicht (UV-Licht) zukommen zu lassen, kann man sie im Sommer auch in einem Frühbeet (Alu-Kunststoff-scheiben-Konstruktion) halten. Dabei ist ein Drittel der Fläche zu beschatten**

Bereits rechtzeitig vor dem Schlupf der Jungtiere sollte für sie ein Aufzuchtterrarium eingerichtet werden. Darin müssen die gleichen klimatischen Bedingungen herrschen wie bei den erwachsenen Exemplaren. Daher sind für das Aufzuchtbecken auch die gleichen technischen Hilfsmittel erforderlich.

Vor allem die Jungtiere brauchen unbedingt etwas kühlere und wärmere Stellen im Terrarium, da sie wesentlich empfindlicher sind und Aufzuchtfehler meistens nie wieder korrigiert werden können.

Flüssigkeit und Ernährung

Die Ernährung der Jungschildkröten muss abwechslungsreich sein. Während sie durch ihre Pflanzenkost sicherlich einige wichtige Vitamine und Mineralien erhalten, sind zusätzliche Kalkgaben (z. B. Vitakalk) und UV-Strahlen (z. B. natürliches Sonnenlicht, OSRAM-ULTRA-VITALUX-Lampe) unbedingt er-

Die kleinen Spaltenschildkröten (Heimat: östliches Afrika) sind erst wenige Monate alt.

forderlich. Denn zu einem gesunden Knochenaufbau ist vor allem Kalk notwendig, und Vitamin-D und UV-Licht verhindern rachitische Veränderungen. Es dauert einige Tage, bis die kleinen Schildkröten die erste Nahrung zu sich nehmen. Schneiden Sie das Futter recht klein, damit die Winzlinge es besser greifen und fressen können.

Manche meinen es zu gut: Bei zu warmer und trockener Aufzucht und einem übermäßigen Futterangebot wachsen Schildkröten zu schnell. Die einzelnen Hornschilder auf dem Rücken entwickeln sich dann nicht harmonisch, sondern um die Ursprungsschilder (Alveolen) bilden sich in kurzer Zeit zu viele Wachstumsringe. Dadurch entstehen automatisch übermäßige Erhebungen, die auch krankhafte Krümmungen der Wirbelsäule verursachen. Denn die Wirbelsäule liegt eingebettet in den Knochenplatten des Rückenpanzers. Schildkrötenhalter bezeichnen diese Missbildungen als »Kamelhöcker«.

Versorgen Sie die jungen Schildkröten so lange wie möglich mit frischem Grünzeug. In unseren Breiten wachsen viele Wildkräuter bis weit in den Herbst hinein und sprießen bereits im zeitigen Frühjahr. Pflücken Sie aber nur dort, wo weder Auto- noch Industrieabgase oder Pflanzenschutzmittel auf die Pflanzen rieseln. Bei Obst und Gemüse sollten Sie darauf achten, dass es nicht aus Gewächshauskulturen kommt und es immer gut waschen.

Um den Jungschildkröten ein leicht feuchtes Milieu zu bieten, besprüht man mehrmals täglich die Terrarien-Einrichtung. Außerdem sollte man Jungtiere etwa alle 2–3 Tage baden und trinken lassen!

Jungtiere überwintern?

Um Jungtiere nicht zu gefährden, werden auch jene aus den gemäßigten Breiten, wie Griechische und Maurische Landschildkröten, aber auch Breitrandschildkröten, zumindest in den ersten beiden Jahren nicht kühl überwintert. Dadurch erhöht sich aber das Risiko der Höckerbildung.

Reduzieren Sie ab Herbst die Beleuchtungsdauer. In dieser Zeit sind Beleuchtung und Wärmestrahler täglich nur etwa 8 Stunden eingeschaltet. Die dadurch bedingte kürzere Aktivitätszeit sorgt dafür, dass die wechselwarmen Tiere etwas weniger schnell wachsen!

TIPP Da die Wärmequellen bei Jungtieren recht tief hängen können, genügen 40–60 Watt-Strahler!

ACHTUNG Bei der Haltung sehr kleiner Jungtiere muss die Freilandanlage oben mit Maschendraht vor großen Vögeln, Katzen etc. geschützt werden!

SPECIAL

Die Körpersprache der Schildkröten

Schildkröten können zur Kommunikation keine Laute erzeugen. Dies wäre aufgrund ihres geringen Hörvermögens auch nicht sinnvoll. Vielmehr zeigen Schildkröten durch bestimmte Verhaltensweisen, dass sie etwas möchten , bzw. dass sie bestimmte Absichten verfolgen.

Wenn Sie Ihre Landschildkröten dabei beobachten, wie sie im Zimmer- oder Freilandterrarium herumwandern, auf Futtersuche gehen oder Sonnenbaden, vergessen Sie sicherlich, dass dies nicht normal ist. Denn Schildkröten sind keine Haustiere sondern Wildtiere. Und Wildtiere sind gewöhnlich erst einmal scheu. Ihre Landschildkröten haben in Menschenobhut ihre Scheu etwas abgelegt und betrachten Menschen nicht mehr als Gefahr. Deshalb ist es recht interessant, Schildkröten einmal in der Natur zu beobachten.

Angstverhalten

Die nächsten erreichbaren Landschildkröten leben rund um das Mittelmeer. Wenn man morgens oder am späteren Nachmittag durch die Buschbereiche (Macchia) oder andere typische Lebensräume der Griechischen oder Maurischen Landschildkröten wandert und dabei einer Schildkröte begegnet, macht diese sofort von ihrer Jahrmillionen bewährten Schutzeinrichtung Gebrauch. Sie zieht rasch ihren Kopf und die Gliedmaßen in den Panzer, wobei oft aus dem Maul laut zischend Luft entweicht. Nun werden die hinteren Panzeröffnungen durch die der-

ben Sohlen der Hinterbeine, die vorderen durch die kräftigen Hornschuppen der Vorderbein-Außenseite geschützt.

Neugierverhalten

Manchmal schwankt die Landschildkröte in der beschriebenen Situation jedoch zwischen Angst und Neugier. Nach dem reflexartigen Einziehen des Kopfes und der Gliedmaßen löst sich die Anspannung und vorsichtig erscheint der Kopf wieder, denn die Schildkröte ist neugierig, wer für die Störung verantwortlich ist. Ist es tatsächlich ein Feind? Oder war es nur ein Versehen?

Unterbleiben weitere Störungen, macht sich die Schildkröte, in unserem Fall ein Männchen, bald wieder auf den Weg. Dabei sieht sie plötzlich etwas rötliches oder gelbes. Neugierig läuft sie darauf zu, denn diese Farben könnten von einer Schmackhaften Blüte oder Frucht stammen. Nach einer ausgiebigen Geruchsprobe hat sie Gewissheit darüber. Plötzlich riecht sie aber noch etwas anderes …

Kampfverhalten

Deutlich hat sie die Duftspur eines anderen Artgenossen in der Nase. Nach wenigen Metern bemerkt sie eine Bewegung und leichte Bodenerschütterungen zeigen, dass sich seitlich von ihr etwas bewegt. Es kann nicht sehr schwer sein, wie die Erschütterungen zeigen. Dorthin geht auch die Duftspur. Und schon stehen sich die beiden Schildkröten gegenüber. Auch bei der anderen handelt es sich um ein Männchen, das den gleichen Weg kreuzt. Jedes weitere Männchen wird automatisch als Rivale betrachtet, vor allem in der Fortpflanzungszeit. Der Geruch zeigt, dass es sich um das etwas kleinere Männchen handelt, das unserem Männchen schon einige Male über den Weg gelaufen und mit dem es schon einige Male Auseinandersetzungen hatte. Augenblicklich läuft unsere Schildkröte auf den Konkurrenten zu, nahe an ihn heran, beugt sich mit dem Panzer nach hinten und rammt heftig gegen den Panzer des Rivalen. Diese Rammstöße wiederholen sich. Ohne Gegenwehr läuft die kleinere Schildkröte mit einer kaum zuzutrauenden Schnelligkeit rasch davon. Gleichstarke Männchen rammen ihre Panzer häufig einige Minuten gegeneinander, bis feststeht, wer der Sieger ist.

Werbungsverhalten (Balz)

Ungestört wandert unser Männchen nun weiter, denn es ist nicht nur auf der Suche nach Nahrung, sondern auch nach einer Partnerin. Jetzt, im Frühling, kurz nach der Winterruhe, nimmt es immer wieder Duftspuren wahr, die auf paarungsbereite Weibchen schließen lassen. Unermüdlich wandert das Männchen die traditionellen Wege entlang. Dabei achtet es kaum auf seine Sicherheit und ist wie aufgedreht. Endlich hat es die Duftspur eines Weibchens entdeckt, der es schnell und schnuppernd folgt. Bald hat das Männchen das Weibchen gefunden und benimmt sich nicht sehr freundlich. Auch das Weibchen erhält – wie das Männchen vorher – heftige Rammstöße gegen den Panzer. Zudem versucht das Männchen ihr immer wieder in die Vorder- und Hintergliedmaßen zu beißen. Mit diesem un-

Während der Balz bedrängen die Männchen die Weibchen von allen Seiten (Madagassische Strahlenschildkröten).

freundlichen Verhalten versucht es, das Weibchen am Davonlaufen zu hindern. Immer wieder beschnuppert es den hinteren Panzerrand, umrundet die Auserwählte, versucht wieder in ihre Gliedmaßen zu beißen oder führt Rammstöße aus. Längst denkt das Weibchen nicht mehr an eine Flucht, und als das Männchen aufzureiten versucht, unternimmt das Weibchen nur einen recht zögernden Fluchtversuch. Damit signalisiert es seine Paarungsbereitschaft! Bei den *Indotestudo*-Weibchen löst die Rotfärbung am Kopf bei den Männchen das Werbeverhalten aus.

Der Panzer schützt nicht vor jedem Übel

Der Spruch »Vorbeugen ist besser als heilen« gilt auch im Umgang mit Landschildkröten. Halten und pflegen Sie die Tiere artgerecht, dann werden sie nur selten krank und leben oft viele Jahrzehnte lang.

Bei der Untersuchung prüft die Tierärztin zunächst Augen, Nase, Atmung und dann den Zustand der Haut und des Panzers der Schildkröte.

Auf die Pflege kommt es an

Mit der Übernahme einer Schildkröte übernimmt der Pfleger auch ein großes Stück Verantwortung. Um die Schildkröten gesund zu halten, ist Vorbeugen die beste Methode. Eine artgerechte Unterbringung und Pflege, verbunden mit einer abwechslungsreichen Ernährung, den richtigen Temperaturen und dem richtigen Jahresrhythmus, sind die wichtigste Krankheitsvorsorge. Unter diesen Bedingungen sind die Schildkröten weniger anfällig gegen Krankheitserreger, und ihre natürlichen Widerstandkräfte werden gestärkt. Dennoch kann es einmal zu einer Erkrankung oder Verletzung kommen. Dieses Kapitel soll aber den Schildkrötenpfleger nicht dazu animieren, seine Schildkröten selbst zu behandeln. Er sollte lediglich Krankheiten und Verletzungen erkennen sowie etwas über Ursachen, Behandlung und die bestehenden Heilungschancen erfahren.

Auf den folgenden Seiten werden die häufigsten Erkrankungen beschrieben.

Was Sie unbedingt beachten müssen

Schildkröten können leider trotz gesunden Aussehens und scheinbarer Vitalität eine Gefahrenquelle für den Pfleger sein. Es ist vorgekommen, dass Schildkröten Salmonellen übertragen haben. Beachten Sie folgende Vorsichtsmaßnahmen:

● Waschen Sie sich vor und nach dem Kontakt mit den Schildkröten und dem Terrarium gründlich die Hände.

● Beim Reinigen der »Badewanne« niemals das Wasser mit dem Mund durch einen Schlauch ansaugen.

● Halten Sie das Terrarium stets sehr sauber, um der Vermehrung von Krankheitskeimen vorzubeugen.

● Stellen Sie nie Gegenstände aus dem Terrarium in die Nähe von Lebensmitteln.

● Schildkröten sollten nicht auf den Fußböden in der Küche oder in den Wohnräumen umherlaufen.

● Achten Sie darauf, dass sich auch Kinder an diese Regeln halten.

● Lassen Sie den Kot der Schildkröte zweimal im Jahr untersuchen, um rechtzeitig Wurmbefall zu erkennen.

Die häufigsten Krankheiten

Erkältung – Schnupfen – Lungenentzündung

Merkmale: Unregelmäßiges, schweres Atmen, verbunden mit Geräuschen; Schleimabsonderungen an der Nase (Bläschenbildung); apathisches Verhalten; oft Futterverweigerung.
Ursache: Zu kühle Haltung und Zugluft.
Behandlung: Handelt es sich erst um einen Schnupfen, kann bereits eine Verbesserung der Haltungsbedingungen zur Heilung führen. Dennoch ist die Schildkröte sofort einzeln und warm (29–30 °C) zu halten. Bessert sich der Zustand nicht, sofort zum Tierarzt.
Heilungschancen: Leichte Fälle sind gut kurierbar. Ist die Erkältungskrankheit weiter fortgeschritten, kann der Tierarzt kaum auf den Einsatz von Antibiotika verzichten. Problematisch ist vor allem der rasche Verfall und die Nahrungsverweigerung der Schildkröte.

> **ACHTUNG**
> Leider kann man Landschildkröten oft gar nicht ansehen, wie krank sie bereits sind – und plötzlich wachen sie nicht mehr auf!

> **WICHTIG**
> Ist eine Schildkröte erkältet, müssen die Haltungsbedingungen bei Bedarf auch für die übrigen Tiere sofort verbessert werden!

Bei schweren Lungenentzündungen werden Schildkröten mit Antibiotika behandelt.

81

Darmvorfall

Merkmale: Enddarm (nicht Penis!) ragt etwas aus der Kloake heraus.
Ursache: Meist kaum erklärbar. Eventuell mit falscher Ernährung oder Schließmuskelschwäche verbunden.
Behandlung: Tierarzt versucht, den Darmbereich durch Gleitmittel wieder in die Bauchhöhle zu drücken.
Heilungschancen: Liegen noch keine Verletzungen durch andere Schildkröten vor, ist eine Heilung manchmal möglich.

Durchfall

Durchfall kann auch durch Stress ausgelöst werden.

Merkmale: Kot breiig, flüssig und oft sehr übel riechend.
Ursache: Meist ernährungsbedingt: zu kaltes Futter, verdorbenes Futter, evtl. Entzündungen im Verdauungstrakt, Darmflora geschädigt.
Behandlung: Eine Woche fasten, Flüssigkeitsmangel durch tägliches Baden/Trinken in lauwarmem Wasser mit etwas Kochsalz ausgleichen, Gewichtskontrollen. Keine Besserung: Tierarzt aufsuchen! Gute Erfolge hatte ich mit COLINA, einem Magen-Darm-Therapeutikum.
Heilungschancen: Wenn keine Organschädigungen vorliegen meist gut.

Magen-Darm-Parasiten

Merkmale: Kot unnormal, evtl. mit Würmern durchsetzt; starker Gewichtsverlust trotz Nahrungsaufnahme; auftretende Apathie; Augen eingefallen. Kotproben unbedingt untersuchen lassen.
Ursachen: Band- und Fadenwürmer werden mit der Nahrung aufgenommen. Vor allem bei Wildfängen kann man fast immer davon ausgehen, dass sie Salmonellen und Amöben in ihrem Darm haben. Eine schwache Kondition der Schildkröte führt zu einem Überhand nehmen der Parasiten und Verfall der Schildkröte.
Behandlung: Fadenwürmer kann der Tierarzt mit PANACUR bekämpfen.
Salmonellen und Amöben können nur von einem Fachmann erkannt werden. Untersuchungsstellen für Kotproben erfährt

man zum Beispiel durch die DGHT-Geschäftsstelle (Adressen). Die Untersuchungsstellen geben auch gleich Behandlungshinweise! Gegen Salmonellen wird auch heute noch häufig CHLORAMPHENICOL eingesetzt. Oft genügt nur eine einzige Gabe, die über das Futter verabreicht wird.
Heilungschancen: Bei fortgeschrittener Erkrankung schwach, im Anfangsstadium gut.

Verstopfung

Merkmale: Bisher regelmäßige Kotabgabe ist überfällig.
Ursachen: Verschiedene Störungen möglich: Bewegungsmangel, Verfüttern aufquellender Nahrung, Darmträgheit durch Vergiftung, zu niedrige Temperaturen.
Behandlung: Baden in lauwarmem Wasser, Bestrahlung (30 °C), Tierarzt: Einläufe.
Heilungschancen: Gewöhnlich gut.

Hautverletzungen/Wunden

Merkmale: Wunden, blutende Stellen.
Ursachen: Unfall, Bisse durch Hunde, Marder etc.
Behandlung: Wunde desinfizieren und Einzelhaltung (Quarantäne) in einem separaten Becken. Boden mit Küchenpapier auslegen. Nach dem Fressen und Koten muss das Papier ausgetauscht und der Behälter sofort gereinigt werden. Tierarzt kann Wundpuder oder Heilsalben verordnen.
Heilungschancen: Je nach Verletzungsgrad.

Ödeme

Merkmale: »Blasen« oder lokale Hautanschwellungen, die mit Flüssigkeit gefüllt sind (lässt sich ertasten).
Ursachen: Meist durch Stoffwechselstörungen in Verbindung mit Vitaminmangel hervorgerufen.
Behandlung: Umstellen auf vollwertige Nahrung unter Beigaben eines Multivitamin-Präparates. Keinesfalls dürfen die »Blasen« geöffnet werden, höchstens durch einen Tierarzt unter sterilen Bedingungen. Geöffnete Blasen müssen antibakteriell behandelt werden.
Heilungschancen: Im Anfangsstadium gut.

> **WICHTIG**
> Alle krank wirkenden Schildkröten sind sofort in einem Quarantänebecken unterzubringen. Das Terrarium gründlich von Ausscheidungen und Futterresten reinigen!

Lähmungen

Merkmale: Schildkröte ist bewegungsgehemmt oder -unfähig. Verschiedene Ursachen möglich, z. B. Infektionen, Vergiftungen oder Schäden am Nervensystem, aber auch Vitamin-Mangelerscheinungen.
Behandlung: Unbedingt Tierarzt aufsuchen. Die Lähmungen lassen sich manchmal durch Vitamingaben (vor allem Vitamin-B) beheben.
Heilungschancen: Je nach Ursache und Schwere unterschiedlich.

TIPP Bei Verdacht auf Legenot kann ein sachkundiger Tierarzt die Eier auch mit einem Ultraschallgerät ermitteln. Dies ist ungefährlicher als Röntgen, da dadurch die Erbinformationen geschädigt werden können!

Legenot

Merkmale: Weibchen beginnt mit dem Ausscharren von Nistgruben, legt aber keine Eier; Eiablage beginnt, wird aber nicht weiter fortgesetzt; Apathie, Futterverweigerung und Atemnot in einer Zeit, in der die Eier hätten abgelegt werden müssen. Mit etwas Geschick kann man die Eier ertasten. Sicherster Nachweis: Röntgenaufnahme beim Tierarzt.

Unter dem Panzer kann man vorsichtig ertasten, ob Eier vorhanden sind.

Ursachen: Störungen bei der Eiablage, ungeeignete Eiablageplätze, Temperaturen zu niedrig, Überproduktion der Kalkdrüsen, Entzündung der Eileiter- oder Kloakenschleimhaut.
Behandlung: Optimieren der Haltungsbedingungen, lokales Erwärmen der Bauchseite, in warmem Wasser (30 °C) baden, Calcium-Injektion, Injektionen von Oxytocin (Wehenmittel).
Heilungschancen: Gut, wenn die Eier nicht in der Leibeshöhle beschädigt wurden und »fest hängen«. Aber auch bei Schildkröten ist eine operative Entfernung der Eier möglich.

Milbenbefall

Merkmale: Auf der Haut, vor allem in den Falten an den Gliedmaßen, befinden sich kleine bewegliche »Pünktchen«.
Ursachen: Kann durch eine dazuerworbene, befallene Schildkröte übertragen worden sein, aber auch im Freilandterrarium auftreten.
Behandlung: MALATHION (5 %ige Lösung) auftragen; Baden in 0,2 %iger NEGUVON-Lösung, gut abspülen.
Heilungschancen: Wenn keine Innenparasiten oder Krankheitserreger übertragen wurden: gut.

Zeckenbefall

Merkmale: Graubraune rundliche Fremdkörper an den Weichteilen, vor allem zwischen Hals und Vordergliedmaßen.
Ursachen: Befall in der Freilandanlage.
Behandlung: Zecke mit Zeckenzange entfernen.
Heilungschancen: Gut.

Zecken saugen sich auch bei Schildkröten fest.

Augenentzündung

Merkmale: Schildkröte hält die Augen meist verschlossen; bei geöffneten Augen: Bindehaut gerötet, Eiter-oder andere Flüssigkeitsansammlungen in den Augenwinkeln.
Ursache: Meist zu kühle Haltung, Durchzug, Fremdkörper oder zu niedrige Luftfeuchtigkeit.
Behandlung: Wenn keine Haltungsfehler vorliegen, Tierarzt aufsuchen. Auf alle Fälle Einzelhaltung bis Heilung erfolgt! Bewährt hat sich: IRGAMID-Augensalbe.
Heilungschancen: Im Anfangsstadium befriedigend.

Panzerdeformation

Merkmale: Panzer ist untypisch verformt, mit Beulen oder Abflachungen. Häufig sind vor allem »Kamelhöcker«.
Ursachen: Hauptursache sind gewöhnlich Vitamin- und Kalkmangel bei der Aufzucht. Die Höcker treten vor allem auch dann auf, wenn Jungtiere zu schnell wachsen, weil sie überfüttert und zu warm und trocken gehalten werden.

Panzererweichung (Rachitis)

Merkmale: Panzer fühlt sich wie bei Weichschildkröten gummiartig an und lässt sich leicht verformen.
Ursachen: Vitamin-D-Mangelerscheinung, in Verbindung mit Mangel an Kalk und UV-Licht (Sonnenlicht).
Behandlung: Auf vollwertige Ernährung mit Vitaminen und Mineralstoffen umstellen. Tierarzt kann evtl. D3-Injektionen verabreichen.
Heilungschancen: Gut, es bleiben jedoch Deformationen des Panzers zurück.

Deutlich sind auf dem Rücken die stark erhobenen »Kamelhöcker« zu erkennen.

Panzerrisse, Panzerbrüche

Merkmale: Panzer zeigt Risse oder ist gebrochen.
Ursachen: Unfall, Sturz, Hundebisse etc.
Behandlung: Eventuell vorhandene Wunden säubern und desinfizieren. Brüche beim Tierarzt ruhig stellen lassen. Nahrung vermehrt mit Kalkpräparaten anreichern.
Heilungschancen: Hängt vom Grad der Verletzung ab.

Penisvorfall

Merkmale: Penis des Männchens befindet sich außerhalb der Kloake und wird nicht wieder eingezogen.
Ursachen: Erschlaffung des Rückzugmuskels. Tritt höchstens nach der Paarung auf.
Behandlung: Sofortige Einzelhaltung auf leicht feuchtem Küchenpapier, damit keine Verletzung durch andere Schildkröten möglich ist. Tritt nach 1–2 Tagen keine Änderung ein: Tierarzt aufsuchen!
Heilungschancen: Gut.

Oberhalb des Halses befindet sich der verheilte Panzerbruch.

Tumore

Merkmale: Treten im Bereich der Weichteile Wucherungen (Beulen) auf, die sich fest anfühlen, besteht die Gefahr, dass es sich um ein Karzinom oder einen Tumor handelt.
Ursachen: Meist nicht bekannt.
Behandlung: Tierärztliche Behandlung erforderlich.
Heilungschancen: Unterschiedlich.

Vergiftungen

Merkmale: Nahrung wird erbrochen, Apathie, taumelnde Bewegungen.
Ursache: Verdorbenes oder mit Pflanzenschutzmitteln behandeltes Futter.
Behandlung: Tierarzt aufsuchen und mögliche Vergiftungsart nennen. Ist sie unbekannt, führt der Tierarzt kreislaufstabilisierende Maßnahmen durch.
Heilungschancen: Richtet sich nach dem Vergiftungsgrad und der Vergiftungsart.

SPECIAL

Krankheiten durch falsche Ernährung

In älteren Terrarienbüchern liest man immer wieder, dass Landschildkröten recht genügsam und leicht zu ernähren sind. Als mögliches Futter wurden selbst »in Milch eingeweichtes Weißbrot«, »Speisereste« und Salat genannt. In den heutigen Terrarienbüchern steht häufig zu lesen, dass man Landschildkröten hin und wieder auch Hunde- und Katzenfutter (Dosenfutter) anbieten kann. Alles Unfug. Nasses Weißbrot kann zu Blähungen und Koliken, Milch zu Durchfall führen. Speisereste sind ebenfalls nicht ungefährlich, da sie zu den gleichen Problemen führen können.

Bio-Blattsalate dürfen verfüttert werden

Aber warum sollte man keinen Salat füttern? Dabei gibt es eine Ausnahme. Wenn Sie den Salat selbst angebaut und keinen Dünger und keine Biozide verwendet haben, freuen sich Ihre Landschildkröten auf alle Fälle auf das ein oder andere Salatblatt. Der käufliche Treibhaussalat, aber auch auf Feldern angebauter Salat ist dagegen nichts für die Tiere. Durch das Besprühen mit Insektiziden, Herbiziden, Fungiziden etc. gelangen immer noch Reste toxischer Stoffe in den Schildkrötenkörper, die nicht nur mit der Zeit zu Schäden in den Organen oder im Nervensystem führen können, sondern auch in den Erbinformationen.

Durch Düngemittel, vor allem Stickstoffverbindungen, soll der angebaute Salat möglichst rasch wachsen und besonders große Salatköpfe bilden. Oft erkennt man an ihrem unnatürlichen Umfang solche Nitrat-Phosphat-Salatköpfe. Es gibt bereits viele Menschen, die inzwischen auch von solchen Salatköpfen Abstand nehmen.

Hunde- und Katzenfutter schadet den Tieren

Landschildkröten sind bekanntlich Pflanzenfresser und ihr Verdauungssystem ist darauf eingerichtet. In ihrem Darm siedeln die entsprechenden Mikroorganismen, die bei der Pflanzenverwertung mithelfen. Durch das Fressen von Dosenfutter, erhalten die Schildkröten unnatürlich viele Eiweiße und Fette. Letztere sind für sie unverdaulich und führen häufig zu Durchfall. Außerdem befindet sich in diesem Dosenfutter oft »Soja«, dessen Anbau wie bei Salat durch Düngung und Biozide gefördert wird – mit den gleichen Problemen! Bekanntlich wird Soja inzwischen gentechnisch verändert angebaut, mit Folgen für Organismen, die heute noch gar nicht überschaubar sind. Zumindest die Larven (Raupen) einiger Schmetterlingsarten verkümmern und sterben an gentechnisch verändertem Soja. Außerdem befinden sich in diesem Dosenfutter offenbar Stoffe, die Landschildkröten zum Fressen animieren und sie fast abhängig machen können. Sie lassen zugunsten von Dosenfutter bald ihr natürliches Futter »links liegen«.

Außerdem verfetten die Schildkröten bei zu proteinhaltiger Nahrung bald und sind dann für die Zucht untauglich, abgesehen davon, dass sich die Tiere nicht wohlfühlen.

Vitamine sind auch für Schildkröten lebenswichtig

Etwas anderes wird aber von vielen Schildkröten-Haltern vernachlässigt oder viel zu wenig beachtet: Der Umgang mit Vitaminen. Leider weiß man über die Wirkung von Vitaminen in Reptilienkörpern noch viel zu wenig. Es ist aber anzunehmen, dass viele ihrer bekannten Auswirkungen auf Säugetiere auch auf Reptilien zu übertragen sind.

Vitamine sind sehr verschieden gebaute organische Substanzen, die für den geregelten Ablauf der Lebensvorgänge unentbehrlich sind. Als fermentartige Wirkstoffe wirken sie bereits in sehr kleinen Mengen – ihr Fehlen führt zum Tode. Da Vitamine pflanzlichen Ursprungs sind und nicht alleine vom Organismus selbst hergestellt werden können, müssen sie mit der Nahrung aufgenommen werden.

Vielen Landschildkröten-Pflegern ist nicht bekannt, dass sich durch die Einwirkung von UV-Strahlen in der Haut vorkommendes Provitamin in Vitamin D umwandeln kann. Außerdem bilden Darmbakterien Vitamine des B-Komplexes und das Vitamin K. Eine ungenügende Vitaminzufuhr führt zu Mangelkrankheiten und -erscheinungen. Etliche Vitamine sind als Trägergruppe oder als Baustein einer solchen, wichtige Bestandteile von Fermenten. Es bestehen auch enge Beziehungen zu den Hormonen, denn durch diese werden Fermente nach der Erfüllung ihrer Aufgaben, unwirksam gemacht. In der folgenden Tabelle werden einige Krankheitssymptome vorgestellt, die durch das Fehlen bestimmter Vitamine hervorgerufen werden können.

Vitaminmangelerscheinungen

Mangel an:	mögliche Auswirkungen
Vitamin A	Empfindlichkeit für Infektionen, Hauterkrankungen und -veränderungen, Erkrankungen der Augendrüsen, Sehstörungen
Vitamin B-Komplex	Apathie, Verdauungsstörungen
Vitamin C	Empfindlichkeit für Infektionen, blutige Mundschleimhäute
Vitamin D	Knochen- und Panzererweichung

Mineralien und Spurenelemente

In der Nahrung der Schildkröten müssen auch eine Reihe anorganischer Stoffe vorhanden sein, um die Körperfunktionen und den normalen Stoffwechsel in Gang zu halten. Dabei werden einige Elemente sogar in größeren Mengen benötigt, wie z. B. Calcium, Kalium, Natrium, Phosphor, Magnesium, Chlor und Schwefel. In Spuren benötigt werden dagegen Eisen, Zink, Kobalt, Jod, Kupfer, Mangan, Silicium, Molybdän und Fluor. Als Baustoffe sind Mineralien unentbehrlich, denn es gibt keine organische Körpersubstanz, die frei von Mineralien ist. Dabei wird für den Knochenbau der höchste Anteil benötigt. Eine Unterversorgung mit Mineralien birgt die Gefahr einer Demineralisierung des Skelettes!

Sie leben in warmen Zonen der Welt

Man muss den Lebensraum der Schildkröten kennen, um sie artgerecht halten zu können. Für große Arten braucht man einen separaten Raum und ein geräumiges Freigehege.

Die Köhlerschildkröte lebt in tropischen Gebieten Südamerikas. Sie wird bis zu 45 cm lang und braucht ein sehr geräumiges Terrarium.

Was sind Monographien

ACHTUNG

Die einzelnen Monographien informieren nur im Groben über die jeweilige Art. Sie sollen eine Übersicht über die Formenvielfalt vermitteln. Hat man sich für eine Art entschieden, sollte man weiterführende Literatur studieren!

Unter Monographien versteht man so etwas wie einen Steckbrief mit wichtigen Informationen über eine Pflanzen- oder Tierart. Auf den folgenden Seiten werden viele Landschildkröten-Arten in einzelnen Monographien vorgestellt. Dabei werden die Schildkröten einer der drei Gruppen zugeordnet, die auch bei der Einrichtung der verschiedenen Terrarien berücksichtigt wurden.

Die richtigen Bezeichnungen

Zu Beginn jeder Monographie erfährt der Leser den deutschen und den wissenschaftlichen Namen der betreffenden Schildkrötenart, da die deutschen Bezeichnungen oft irreführend sind und nur im deutschsprachigen Raum verstanden werden. Die wissenschaftliche Bezeichnung ist meist weltweit gültig, obwohl sich auch bei der wissenschaftlichen Bezeichnung einzelner Landschildkröten europäische und amerikanische Wissenschaftler nicht immer ganz einig sind. Die hier im Buch verwendeten Bezeichnungen entstammen im Wesentlichen der Systematik von IVERSON (1992).

Am Ende der wissenschaftlichen Bezeichnung steht der Name des Erstbeschreibers und wann er die Schildkrötenart erstmals beschrieben hat.

Der Punkt »Verbreitung« kann nützlich sein, wenn man sich über das Großklima in der Heimat seiner Schützlinge informieren möchte.

Aufbau der Beschreibungen

Langatmige Beschreibungen der Schildkröten sind im Zeitalter der Fotografie nicht mehr notwendig, zumal die hier erwähnten Arten auch alle auf Fotos abgebildet sind. Einige wesentliche Merkmale kann man dem Stichwort »Kennzeichen« entnehmen. Ob die Landschildkröten für den Leser in Frage kommen, zeigt ein Blick auf die zu erwartende Panzerlänge. Männchen (M) bleiben mit nur wenigen Ausnahmen meist kleiner als Weibchen (W). Außerdem kann man mit Hilfe der angegebenen Panzergröße die Terrariengröße errechnen.

Über die Mindestanforderung an die Terrariengröße und wie man sie errechnet, steht auf Seite 39. Für die in der Monographie behandelte Art wird unter diesem Stichwort die erforderliche Formel angegeben.

Die Punkte »Lebensraum und Lebensweise« vermitteln einige Informationen über ihren natürlichen Lebensraum und ihre Anpassung daran. Stellt man sich die Biotope bildlich vor, in denen die Tiere leben, bekommt man sicherlich noch die eine oder andere gute Idee, das Terrarium der natürlichen Umgebung der Tiere entsprechend auszustatten. Wichtigste Faktoren sind jedoch immer Temperatur und Luftfeuchtigkeit.

In der Rubrik »Haltung und Vermehrung« findet man die Art des Terrariums und Informationen für die Zucht. Der Leser erfährt, unter welchen Haltungsbedingungen man in einem Terrarium Schildkröten vermehren kann

Bei Arten, die kühl überwintert werden sollten, wird dies in der Monographie erwähnt. Aber auch Schildkröten aus den heißen Trockengebieten und tropischen Bereichen mit hoher Luftfeuchtigkeit muss man unterschiedliche Jahreszeiten vorgaukeln, zum Beispiel durch eine Trocken- und Regenzeit.

> **TIPP** Bemühen Sie sich, wenn Sie züchten wollen, um Erfahrungsaustausch mit anderen Schildkrötenhaltern.

Die Maurische Landschildkröte fühlt sich bei uns in einem Freilandterrarium am wohlsten.

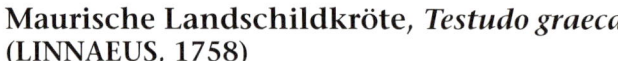
Schildkröten gemäßigter Breiten

Maurische Landschildkröte, *Testudo graeca* (LINNAEUS, 1758)

Verbreitung: Südeuropa, südwestliches Asien, Nordafrika.
Kennzeichen: Rückenpanzer oval bis elliptisch und stark gewölbt. Schwanzschild gewöhnlich ungeteilt. Bauchpanzer
kräftig und bei sehr großen Weibchen im hinteren Bereich et-
was beweglich. Rückenpanzer meist gelblich, bräunlich bis
grünlich. Dunkle Zeichnungen an den Rändern und in der Mit-
te der Schilder. Bauchpanzer ebenfalls mit dunkler Zeichnung.
Weichteile graugelblich, an jedem Fuß fünf Krallen. Auf den
Oberschenkeln befindet sich ein einzelner, kegelförmiger Sporn.
Schwanz ohne Endnagel! Man unterscheidet sechs Unterarten,
was schwierig ist, wenn man ihre Herkunft nicht kennt.
Panzer: M. 25 cm, W. bis 30 cm.
Terrarienlänge: PL × 8
Lebensraum und Lebensweise: Leben in Buschlandschaf-
ten, lichten Waldränder und Kulturlandschaften. Wichtig ist
Vegetation als Nahrungsgrundlage. In trocken-heißen Som-
mern bleiben sie verborgen und halten eine Sommerruhe.
Haltung und Vermehrung: Am besten hält man die
Schildkröten in Gruppen (1 Männchen, 2–3 Weibchen oder
2 Männchen und 4–5 Weibchen) und von Mai bis September
im Freiland. Überwinterung erforderlich! Oft paaren sich die
Schildkröten bereits kurz nach der Winterruhe. Ab Juni können die Weibchen Eier legen, pro Gelege gewöhnlich 4–8 Eier. Es sind im Sommer 1–3 Eiablagen möglich. Bei Temperaturen zwischen 25–32 °C dauert es bis zum Schlupf der
Jungtiere zwischen 64 und 90 Tage.

*Maurische Land-
schildkröte.*

Unterarten:

Testudo graeca anamurensis (WEISSINGER, 1987)
Verbreitung: Türkei, entlang der Südküste vom Bey-
Gebirge bei Antalya, östlich bis Mersin.
Kennzeichen: Rückenpanzer lang gestreckt, trapezförmig
und flach. Auf dem Panzer gewöhnlich eine sehr zerrissene

Fleckenzeichnung. Bauchpanzer mit deutlich begrenzter Zeichnung aus bräunlichen bis schwarzen Flecken. Sie können ein Fünftel oder die ganze Fläche bedecken. Kinn und Kehle sind meist weißgelb, der Kopf kann einfarbig dunkel, aber auch unregelmäßig gelblich gefleckt sein.

Testudo graeca graeca (LINNAEUS, 1758)

Verbreitung: Spanien, Marokko, Algerien, Tunesien und Libyen.

Kennzeichen: Rückenpanzer gelblich bis blassoliv, bräunlich bis rötlich braun. Bei ihnen ist jedes Schild schwarz oder rötlich braun gerandet und in der Mitte meist schwarz. Tunesische Exemplare, vor allem Jungtiere, sind besonders schön gezeichnet, wie die Abb. auf den Seiten 4, 41 und 49 zeigen.

Testudo graeca ibera (PALLAS, 1814)

Verbreitung: Balkan bis Schwarzes Meer, Türkei und Südkaukasus über Turkmenien bis Iran.

Kennzeichen: Rückenpanzer oval und gleichmäßig gewölbt, Hinterrand glatt; Grundfarbe helloliv mit großen deutlichen Flecken; Kopf und Gliedmaßen meist einfarbig dunkel; Bauchpanzer häufig mit verwaschenen, undeutlichen Flecken.

Testudo graeca nikolskii (CHIKHIKVADZE & TUNIJEV, 1986)

Verbreitung: Nordwest-Kaukasus.

Kennzeichen: Wirbelschilder besitzen deutliche Vorsprünge; Krallen an den Vordergliedmaßen lang und zugespitzt; die langen, zugespitzten Schuppen an den Vorderbeinen bilden vier Längsreihen.

> **WICHTIG**
> Bei Maurischen Landschildkröten darf die Winterruhe nur 3 Monate dauern!

Testudo graeca terrestris (FORSKÅL, 1775)

Verbreitung: Syrien, Israel.

Kennzeichen: Rückenpanzer hochgewölbt; Kopf oben und seitlich gelb gefleckt.

Testudo graeca zarudnyi (NIKOLSKY, 1896)

Verbreitung: Osten und Süden des Iran.

Kennzeichen: Rückenpanzer schmal, hinten breiter als vorne und gesägt.

Griechische Landschildkröte *Testudo hermanni* (GMELIN, 1789)

Verbreitung: Südeuropa, Westtürkei.

Kennzeichen: Rückenpanzer elliptisch und gewölbt. Sie erinnern sehr an die Maurische Landschildkröte, jedoch ist bei ihnen das Schwanzschild gewöhnlich geteilt und die Schwanzspitze endet mit einem hornigen Endnagel.

Panzer: Männchen 20–25 cm, Weibchen bis 30 cm.

Terrarienlänge: PL × 8

Lebensraum und Lebensweise: Leben bevorzugt in busch- und strauchreichen Regionen (Macchia), außerdem auch am Rand landwirtschaftlicher Flächen.

Haltung und Vermehrung: Vermehren sich in Menschenobhut recht einfach, wenn man sie von Anfang Mai bis September in einer Freilandanlage hält. Die beiden Unterarten sind etwas wärmebedürftiger. Im Frühjahr, nach dem Aufwachen aus der Winterstarre und im Herbst, bevor sie sich schlafen legen, müssen sie in einem Zimmerterrarium mit künstlicher Wärmezufuhr untergebracht werden, bevor sie

Griechische Landschildkröten (Testudo hermanni) *kommen mit unserem Klima gut zurecht.*

nach draußen dürfen. Anschließend müssen erwachsene Exemplare eine Winterruhe einhalten. Weibchen können innerhalb des Sommers 1–2 Gelege absetzen mit je 5–8 Eiern. Bei Temperaturen zwischen 25–30 °C schlüpfen die Jungtiere nach 62–80 Tagen. (Abb. 22)

Unterarten:

Testudo hermanni hermanni (GMELIN, 1789)
Verbreitung: Südfrankreich (mit Korsika), Italien (mit Elba, Pianosa, Sardinien, Sizilien), östliches Spanien (mit Balearen).
Kennzeichen: Rückenpanzer hoch gewölbt, hinter den Augen helle, meist gelbe Flecken; auf dem Bauchpanzer befinden sich zwei breite schwarze Längsbänder.

Testudo hermanni boettgeri (MOJSISOVICS, 1889)
Verbreitung: Albanien, Bulgarien, Rumänien, Jugoslawien, Süditalien, Griechenland, Westtürkei.
Kennzeichen: Rückenpanzer flacher; Bauchpanzer ungefleckt oder mit schwarzen Flecken.

> **ACHTUNG**
> Griechische Landschildkröten sind offenbar robuster als andere Arten. Man muss sie trotzdem sorgfältig halten, pflegen und beobachten!

Auf dem Bauchpanzer der Unterart Testudo hermanni hermanni *sind die schwarzen Längsbänder gut zu erkennen.*

97

Breitrandschildkröte, *Testudo marginata* (SCHOEPFF, 1792)

Verbreitung: Süd-Albanien, Griechenland; auf Sardinien und bei Tombolo/Livorno (Italien) eingebürgert.

Kennzeichen: Der längliche Rückenpanzer hat bei erwachsenen Exemplaren einen starken Hinterrand, der an einen Feuerwehrhelm erinnert. Im Alter sind die Schildkröten oft völlig schwarz, jüngere Exemplare können mit den beiden anderen europäischen Schildkröten verwechselt werden. Der gelblich-olivfarbene Bauchpanzer hat auf jedem Schild eine dunkle Dreieckszeichnung.

Panzer: 35, selten sogar über 4 cm.

Terrarienlänge: PL × 8

Lebensraum und Lebensweise: Ähnliche Stellen wie die beiden anderen europäischen Landschildkröten.

Haltung und Vermehrung: Terrarium »Mediterrane«. Winterruhe erforderlich. Im Sommer sind sie im Freiland zu halten. Ein Gelege umfasst 4 –12 Eier. Bei Temperaturen zwischen 25 und 32 °C schlüpfen die Jungtiere nach 65 – 85 Tagen.

Die junge Breitbandschildkröte hat noch einen sehr kontrastreich gezeichneten Panzer.

Schildkröten aus Trockengebieten

Afrikanische Schnabelbrustschildkröte, *Chersina angulata* (SCHWEIGGER, 1812)

Verbreitung: Südafrika, Namibia.

Kennzeichen: Rückenpanzer relativ lang und mit einer deutlichen Kerbe im Nackenbereich. Randschilder vorne ausgedehnt, aber glatt gerandet. Die hinteren leicht gedehnt und nach unten gebogen. Kehlschild vorne stumpf und ragt weit vor. Rückenpanzer blass strohfarben, gelblichbraun bis oliv. Auf jedem Wirbel- und Rippenschild befinden sich dunkle breite Bänder. Randschilder vorne mit spitzem dunklen Dreieck. Bauchpanzer gelb bis rötlich und in der Mitte mit großem schwarzen Fleck.

Panzer: 18,5 bis 28,5 cm.

Terrarienlänge: PL × 8

Lebensraum und Lebensweise: Im Süden und Westen der Kap-Region findet man sie auf sandigen und nährstoffreichen Böden mit Gras- und Heidebewuchs, im Norden des westlichen Kaps dagegen in Regionen mit Sukkulenten, im Osten im Dünendickicht und in Buschbereichen immergrüner Wälder. Die Tiere sind ganzjährig aktiv, ziehen sich aber im kühlen, regenreichen Winter in ihre einfachen, selbst gegrabenen Höhlen zurück. Auch in der übrigen Jahreszeit dienen die Höhlen als Unterschlupf, sobald ihre Körpertemperatur auf über 20–25 °C steigt, bzw. wenn die Außentemperaturen über 17 °C und unter 28 °C betragen. Obwohl die Afrikanischen Schnabelbrustschildkröten in Regionen mit heißen, trockenen Sommern und kühlen, regenreichen Wintern leben, bevorzugen sie mediterranes Klima.

Haltung und Vermehrung: Terrarium Mediterrane. Im Sommer kann man sie an warmen Tagen in einem Freilandterrarium halten, muss sie jedoch abends wieder in ihr Zimmerterrarium setzen. Im Winter senkt man die Temperaturen jedoch für etwa 2 Monate um 3–5 °C. Die Weibchen legen meist nur 1, selten 2 Eier pro Gelege, wiederholen dies jedoch im Laufe eines Jahres 6–7 mal. Bei Temperaturen zwischen 25–32 °C dauert es bis zum Schlupf der Jungen 94–198 Tage.

Afrikanische Schnabelbrustschildkröte

Argentinische Landschildkröte, *Geochelone chilensis* (GRAY, 1870)

Verbreitung: Argentinien und Paraguay.
Kennzeichen: Rückenpanzer abgerundet und mit deutlichen Wachstumsringen. Schilder manchmal mit dunklen Bändern. Randschilder hinten leicht gesägt. Panzer, Gliedmaßen und Kopf sandfarben. Bauchpanzer in der Mitte dunkel, an den Rändern hell.
Panzer: Bis 23 cm.
Terrarienlänge: PL × 8
Lebensraum und Lebensweise: Leben in trockenen Laubwäldern mit Wüstengestrüpp. Graben flache Höhlen, die sie nachts und in der kühlen Jahreszeit aufsuchen.
Haltung und Vermehrung: Ruhige Tiere, die sich gut im Savannenterrarium halten lassen. Können im Juni/Juli in einer Freilandanlage gehalten werden. Winterruhe ist erforderlich. Weibchen legen meist 2–4 weiße Eier, bereits eine Woche später sind weitere Eiablagen möglich! Bei 28–30 °C schlüpfen die Jungtiere nach 60–78 Tagen.

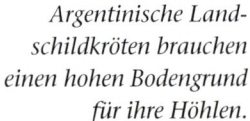

Argentinische Landschildkröten brauchen einen hohen Bodengrund für ihre Höhlen.

Indische Sternschildkröte, *Geochelone elegans* (SCHOEPFF, 1795)

Verbreitung: Indien, Pakistan, Sri Lanka.
Kennzeichen: Rückenpanzer länglich und stark gewölbt. Randschilder hinten nach außen gebogen und gesägt. Bei ausgewachsenen Exemplaren sind Wirbel- und Rippenschilder auffallend kegelförmig. Rückenpanzer mit auffälligem Strahlenmuster. Ihre Gliedmaßen wirken plump.
Panzer: Bis 35 cm.
Terrarienlänge: PL × 8
Lebensraum und Lebensweise: Die Schildkröten leben in Sanddünen, Buschwäldern, Plantagen und verwilderten Parks. In der Monsunzeit sind die Tiere besonders aktiv, in der heißen Jahreszeit lediglich am frühen Morgen und späten Nachmittag.
Haltung und Vermehrung: Savannen- oder Tropenterrarium. Im Sommer einmal täglich überbrausen. Weibchen können innerhalb einer Saison zwischen 1–4 Gelege mit je 3–6 Eiern legen. Bei Temperaturen um 25–30 °C schlüpfen die Jungen nach etwa 110–145 Tagen.

> **WICHTIG**
> Versuchen Sie unbedingt, Sternschildkröten aus einer Region zu erhalten und vermehren, um unerwünschte Vermischungen zu vermeiden!

Die Strahlenzeichnung der Indischen Sternschildkröten ist besonders hübsch.

Pantherschildkröte,
Geochelone pardalis (BELL, 1828)

Verbreitung: Zentral- und Südafrika.

Kennzeichen: Rückenpanzer sehr hoch gewölbt mit tiefer Kerbe im Nacken. Hintere Randschilder gesägt. Zeichnung besteht aus schwarzen und gelben Flecken. Oberschenkel sind mit kegelförmigen Spornen ausgestattet. Jungtiere hellbraun mit schwarz umrandeten Rückenschildern.

Panzer: Bis 70 cm.

Terrarienlänge: PL × 8

Lebensraum und Lebensweise: Ihre Lebensräume reichen von der Küste bis in Hochlandsavannen. Bei großer Hitze verstecken sie sich in verlassenen Säugetierbauten, unter Felsen und Bäumen.

Haltung und Vermehrung: Großes Savannenterrarium. Innerhalb einer Saison können mehrere Gelege produziert werden. Ein Gelege beinhaltet gewöhnlich zwischen 5–18 Eier. Bei einer Temperatur von 28 °C (2 °C) und 70–80 % Luftfeuchtigkeit schlüpfen die Jungen nach 152–215 Tagen

Pantherschildkröten leben in Gebieten mit sehr geringen Niederschlagsmengen.

Madagassische Strahlenschildkröte,
Geochelone radiata (SHAW, 1802)

Verbreitung: Süd-Madagaskar, Mauritius und Reunion.
Kennzeichen: Der sehr stark gewölbte Rückenpanzer hat eine relativ glatte Oberfläche. Auf den Schildern befindet sich ein Muster aus strahlenförmig auseinander laufenden gelben und dunkelbraunen Streifen. Kopf gelblich, oben schwarz. Jungtiere haben zuerst ein Fleckenmuster.
Panzer: Bis 42 cm.
Terrarienlänge: PL×8
Lebensraum und Lebensweise: Bewohnen trockene Wälder, in denen auch Sukkulenten stehen. Jährliche Niederschlagsmenge geringer als 400 mm.
Haltung und Vermehrung: Benötigen große, am besten raumgroße Savannenterrarien. Recht robust und bei artgerechter Haltung verträglich. Ein Gelege besteht meist aus 2–6 kugeligen Eiern. Bei Temperaturen zwischen 25 und 27 °C und einer Luftfeuchtigkeit von 80 % dauert es bis zum Schlupf der Jungen zwischen 5–9 Monate.

Junge Madagassische Strahlenschildkröten (links) haben zunächst ein Fleckenmuster.

Sporenschildkröte, *Geochelone sulcata* - (MILLER, 1779)

In den letzten Jahren wurden Spornschildkröten in großer Anzahl in Menschenobhut vermehrt. Daher bekommt man diese imposanten Schildkröten zu verhältnismäßig günstigen Preisen.

TIPP

Verbreitung: Zentralafrika.

Kennzeichen: Rückenpanzer wirkt flacher als bei anderen Arten. Die vorderen und hinteren Randschilder sind stark gesägt und nach oben gebogen. Kehlschilder zweizinkig gegabelt und ragen vor allem bei den Männchen deutlich hervor. Rückenpanzer fast einheitlich gelblich bis bräunlich. Bauchpanzer gelb bis gelbbraun und bei den Männchen konkav.

Panzer: Bis 80 cm.

Terrarienlänge: PL × 8

Lebensraum und Lebensweise: Grasländer, belaubtes Buschland und Halbwüsten mit Grasbewuchs. In Trockenzeiten bleiben sie tief im Boden vergraben.

Haltung und Vermehrung: Raumgroßes Savannenterrarium. Innerhalb einer Saison sind bis zu vier Gelege möglich. Ein Gelege umfasst häufig zwischen 20–25 Eier. Bei etwa 30 °C und 65–70 % Luftfeuchtigkeit schlüpfen die Jungtiere nach 84–96 Tagen.

Aus den winzigen Sporenschildkröten-Schlüpflingen werden einmal 80 cm lange Tiere.

Gelbkopfschildkröte,
Indotestudo elongata (BLYTH, 1853)

Verbreitung: Nordindien, Nepal bis China und Malaysia.
Kennzeichen: Rückenpanzer länglich und schmal, bei Erwachsenen im Mittelteil etwas abgeflacht. Bei dieser Art ist ein Nackenschild vorhanden! Rückenpanzer gelb oder grünlich gelb mit unregelmäßigen schwarzen Flecken. Randschilder dunkel gefleckt. Vorderbeine sind mit großen, spitzen Schuppen ausgestattet. Schwanz hat am Ende eine hornige Schuppe.
Panzer: Bis 33 cm.
Terrarienlänge: PL×8
Lebensraum und Lebensweise: Leben vor allem in bewaldeten hügeligen bis bergigen Regionen.
Haltung und Vermehrung: Großes Savannenterrarium. Im Sommer täglich die Einrichtung überbrausen. Weibchen legen zwischen 1–6 Eier pro Gelege. Bei Temperaturen um 29 °C (2 °C) und einer Luftfeuchtigkeit von 80–90 % schlüpfen die Jungtiere nach etwa 108–168 Tagen.

In der Fortpflanzungszeit verfärbt sich die Haut der Gelbkopfschildkröten am Kopf rosa.

Celebes-Landschildkröte, *Indotestudo forstenii* (SCHLEGEL & MÜLLER, 1844)

ACHTUNG

Wesentliches Unterschei-
dungsmerkmal gegenü-
ber der ähnlich aussehen-
der Gelbkopfschildkröte
ist das fehlende Nacken-
schild!

Verbreitung: Indien und Indonesien.

Kennzeichen: Rückenpanzer braun bis oliv und verhältnismäßig dick. Wirbelschilder breiter als lang. Randschilder hinten
gesägt und nach außen gebogen. Bauchpanzer mit dunklen
Flecken. Vorderbeine mit fünf, Hinterbeine mit vier Krallen.

Panzer: Bis 34 cm.

Terrarienlänge: PL × 8

Lebensraum und Lebensweise: Ihre Heimat sind die zeitweise lichten und immergrünen Wälder bis in 450 m ü. NN.,
häufig in der Nähe von Flüssen. Sie bevorzugen felsige Bereiche und sonnen sich gerne am Rande von Lichtungen. Vor allem am frühen Morgen sind die Schildkröten aktiv. Auch bei
ihnen verfärben sich in der Fortpflanzungszeit die Augenrän-
der und die Umgebung der Nasenlöcher leicht rosa.

*In der Fortpflanzungs-
zeit sind die Männchen
der Celebes-Landschild-
kröten aggressiv.*

Haltung und Vermehrung: Savannenterrarium. Weibchen
legen oft nur 1, seltener 2 Eier. Bei 28/29 °C und hoher Luftfeuchtigkeit schlüpfen die Jungen in 116–132 Tagen.

Glattrand-Gelenkschildkröte, *Kinixys belliana* (GRAY, 1831)

Verbreitung: Zentralafrika, Madagaskar.

Kennzeichen: Rückenpanzer strohfarben, grünlich, gelblich oder rötlich braun mit hellen Ringen am Rand oder einer schwarzen Fleckenzeichnung. Färbung und Zeichnung können sehr stark variieren. Zwischen dem 7. und 8. Randschild ist ein Gelenk aus knorpeligem Bindegewebe. Jungtieren fehlt dieses Gelenk. Man unterscheidet 3 Unterarten.

Panzer: Bis 22 cm.

Terrarienlänge: PL×8

Lebensraum und Lebensweise: Die Schildkröten leben in feuchten Savannen, Wäldern und Dickichten. Gewöhnlich bleiben sie tagsüber verborgen und sind am frühen Morgen und abends auf der Suche nach Nahrung.

Haltung und Vermehrung: Savannenterrarium. Ein Gelege umfasst meist 2–3 Eier. Bei Temperaturen von 29/30 °C und einer Luftfeuchtigkeit von 70–80 % schlüpfen die Jungtiere nach 110–140 Tagen.

> **ACHTUNG**
> Man kann Glattrand-schildkröten im Hochsommer (Juli–August) in einer Freilandanlage halten, sollte sie jedoch bei Temperaturen unter 15 °C wieder herein holen!

Glattrand-Gelenkschild-kröten leben in feuchten Gebieten und sind auch gute Schwimmer.

Spaltenschildkröte, *Malacochersus tornieri* (SIEBENROCK, 1903)

Verbreitung: Kenia, Tansania.

Kennzeichen: Rückenpanzer stark abgeflacht und recht dünn, so dass Atembewegungen sichtbar sind. Können sehr unterschiedlich gefärbt sein, jedoch meist findet man auf hellbraunem bis braunem Grund eine schwache sternförmige Zeichnung. Jungtiere sind durch ihre Färbung und Zeichnung besonders gut getarnt.

Panzer: 15–20 cm.

Terrarienlänge: PL×3

Lebensraum und Lebensweise: Leben in den isolierten Felsenhügeln der ostafrikanischen Dornbuschsavanne in Höhen zwischen 50–1800 m ü. NN. Die Schildkröten haben sich darauf spezialisiert, schmale Felsspalten als Verstecke zu wählen. Holen sie darin tief Luft, sind sie so festgekeilt, dass man sie nicht herausziehen kann.

Haltung und Vermehrung: Savannenterrarium. Darin benötigen die Schildkröten als Einrichtung einen Steinplattenaufbau, der zahlreiche Felsspalten bietet. Da auch in den Gesteinsspalten ihrer Heimat gewöhnlich eine hohe Luftfeuchtigkeit herrscht, muss man diese im Terrarium täglich mindestens einmal besprühen.

Von Juni bis Ende August kann man die Schildkröten gut in einem Gewächshaus halten. Sie verlassen ihr Versteck im Sommer oft nur in den frühen Morgen- und Abendstunden. Im Herbst bringt man sie in ihr Zimmerterrarium zurück.

Ihre Vermehrung im Terrarium gelang bereits sehr häufig. Der Eiablageplatz sollte Temperaturen um 30 °C aufweisen und mindestens 20 cm tief sein. Weibchen legen gewöhnlich immer nur 1 Ei, ganz selten auch schon einmal 2 Eier. Innerhalb einer Saison kann es zu 1–6 Eiablagen kommen. Bebrütet man sie bei Temperaturen zwischen 26–30 °C und hoher Luftfeuchtigkeit, schlüpfen die Jungtiere nach 192–340 Tagen. Man konnte den Schlupf aber auch schon nach 240 Tagen dadurch auslösen, indem man das Substrat anfeuchtete.

Jungtiere sind kreisrund und haben anfänglich noch einen leicht gewölbten Rückenpanzer. Sobald bei Jungtieren Beißereien zu beobachten sind, sind sie sofort zu trennen, da es sich vermutlich um zwei Männchen handelt.

TIPP

Die Steinplatten müssen so fest liegen, dass sie nicht verrutschen können. Daher klebt man sie z. B. mit Silikon aneinander!

WICHTIG

Es darf immer nur 1 Männchen im Terrarium sein, da sie untereinander sehr aggressiv sind.

Schlüpfling der Spaltenschildkröte.

Madagaskar Spinnenschildkröte, *Pyxis arachnoides* (BELL, 1827)

Verbreitung: Südwest-Madagaskar

Kennzeichen: Der Rückenpanzer ist stark gewölbt und im hinteren Teil etwas breiter. Die Randschilder sind hinten glatt und heruntergebogen. Wirbelschilder haben deutliche Jahresringe in der Mitte. Zwischen Arm- und Brustschild befindet sich ein bindegewebsartiges Gelenk. Bauchpanzer entweder einfarbig gelb oder mit schwarzen Flecken auf der Brücke. An jedem Fuß befinden sich fünf Zehen.

Panzer: Bis 15 cm.

Terrarienlänge: PL × 4

Lebensraum und Lebensweise: Leben vor allem in Dornbuschwäldern mit Sukkulenten. Die Schildkröten verbringen die lange Trockenzeit im Erdreich eingegraben.

Haltung und Vermehrung: Savannenterrarium. Die Weibchen legen gewöhnlich nur ein Ei. Obwohl die Vermehrung im Terrarium gelang, sind Daten über die Bruttemperaturen und Entwicklungsdauer nicht bekannt.

> **WICHTIG**
> Die Schildkröten sind etwas feuchter zu halten, als die nahe verwandte Madagassische Flachrückenschildkröte!

Madagaskar Spinnenschildkröten haben einen sehr schön gezeichneten Panzer.

Madagassische Flachrückenschildkröte, *Pyxis planicauda* (GRANDIDIER, 1867)

Verbreitung: West-Madagaskar.

Kennzeichen: Der Rückenpanzer ist länglich und oben etwas abgeflacht. Die Wirbelschilder sind breiter als lang und von deutlichen dunklen Jahresringen umgeben. Ihre hinteren Randschilder sind heruntergebogen. Randschilder dunkel mit gelben, senkrechten Streifen. Bauchpanzer gelb mit einigen dunklen Flecken oder Strahlen an den Seiten und ohne Scharnier und Analkerbe! An jedem Fuß fünf Zehen.

Panzer: Bis 12 cm.

Terrarienlänge: PL × 4

Lebensraum und Lebensweise: Laubwälder und Buschbereiche des trockenen Flachlandes. Dort leben sie aber vor allem in den feuchteren Bereichen.

Haltung und Vermehrung: Savannenterrarium, täglich ist die Einrichtung morgens leicht zu besprühen. Auch die Weibchen von *P. planicauda* legen vermutlich immer nur ein Ei. Über ihre Vermehrung im Terrarium ist bisher nichts bekannt.

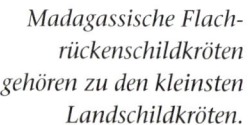

Madagassische Flach-rückenschildkröten gehören zu den kleinsten Landschildkröten.

Vierzehenschildkröte, *Testudo horsfieldii* (GRAY, 1844)

Verbreitung: Kaspisches Meer ostwärts durch Kasachstan bis West-China, südlich bis Iran, Afghanistan und Pakistan.

Kennzeichen: Rückenpanzer verhältnismäßig flach und von oben gesehen manchmal rundlich oder quadratisch wirkend. Bauchpanzer dunkel, Kopf und Gliedmaßen gelblich. An den Vorderfüßen befinden sich nur 4 Krallen, an den Hinterbeinen jeweils 5! Die Sporne auf den Oberschenkeln sind klein.

Panzer: Weibchen bis 20 cm, Männchen bleiben kleiner.

Terrarienlänge: PL × 8

Lebensraum und Lebensweise: Leben in lehmigen Wüsten, Steppenbereichen in Oasennähe und auch in höhere Lagen mit kalten Wintern und trockenheißen Sommern.

Haltung und Vermehrung: Tiefes Savannenterrarium mit ausgeprägter Kunsthöhle. Überwinterung erforderlich (3 – 5 Monate). Weibchen legen pro Gelege 25 Eier. Bei Temperaturen zwischen 24 und 32 °C dauert es bis zum Schlupf der Jungen 84 – 102 Tage.

> **ACHTUNG**
> Von dieser Art gibt es drei Unterarten, die man voneinander getrennt halten sollte, damit es keine Vermischungen gibt!

> **WICHTIG**
> Vierzehenschildkröten gelten als heikel und sind nichts für Neueinsteiger!

Vierzehenschildkröten gelten als sehr empfindlich und sind nichts für Neueinsteiger.

Ägyptische Landschildkröte, *Testudo kleinmanni* (LORTET, 1883)

Verbreitung: Östliches Nordafrika.
Kennzeichen: Rückenpanzer oval und sehr stark gewölbt. In der Nackenregion tiefe Kerbe, Nackenschild groß und hinten breiter als vorne. Es gibt einfarbig gelbe bis gelbrötliche Exemplare, manchmal mit schwarz gefärbten Säumen. Bauchpanzer grünlich gelb, oft mit dunkelbraunem Fleck.
Panzer: Bis 13,8 cm.
Terrarienlänge: PL×8
Lebensraum und Lebensweise: Die Schildkröten leben in wüstenähnlichen Gebieten mit spärlichem Gestrüpp. Verstecken sich unter Steinen, Pflanzen oder in Nagerbauten.
Haltung und Vermehrung: Savannenterrarium mit tief reichendem Bodengrund, in den sie sich völlig eingraben können. Im Winter die Temperaturen nachts bis auf 10–12 °C absenken. Weibchen legen pro Saison 2–3 Gelege mit je 1–3 Eiern. Bei Temperaturen um 30 °C und 70–80 % Luftfeuchtigkeit schlüpfen die Jungtiere nach 75–95 Tagen.

An den Vorderbeinen haben Ägyptische Landschildkröten sehr große Schuppen.

Schildkröten aus Tropengebieten

Köhlerschildkröte, *Geochelone carbonaria* (SPIX, 1824)

ACHTUNG
Die Köhlerschildkröten sind leicht mit Waldschildkröten (*G. denticulata*) zu verwechseln!

Verbreitung: Nördliches Südamerika, Kleine Antillen.

Kennzeichen: Innerhalb des großen Verbreitungsgebietes sehr variabel. Rückenpanzer länglich, bei großen Exemplaren in der Mitte etwas eingeengt. Wachstumsringe erkennbar. Allgemein sehr dunkel braun, schwarz bis bläulich gefärbt. Auf jedem Schild befindet sich eine kleine gelbliche, manchmal fast weißliche Fläche. Schuppen auf der Kopfoberseite groß und ungeteilt. An den Kopfseiten große rötliche Streifen und Flecken. Jungtiere mit glattem Rückenpanzerrand. Sie sind bräunlich bis schwarz und gelb gefärbt.

Panzer: Bis 45 cm.

Terrarienlänge: PL×8

Lebensraum und Lebensweise: Die Schildkröten leben vor allem im trockenen Flachland, bevorzugt in Bereichen mit Grasbewuchs und angrenzenden trockenen Waldgebieten. Außerdem auf offenen Flächen innerhalb der Regenwälder. Die Köhlerschildkröten sind am Morgen und gegen Abend aktiv. Tagsüber gräbt sie sich ein. Mit Beginn der Regenzeit beginnt auch die Fortpflanzungszeit. Bei der Werbung um ein Weibchen führen die Männchen ruckartige Kopfbewegungen zur Seite aus.

Haltung und Vermehrung: Großes Tropenterrarium in dem tagsüber eine Temperatur von durchschnittlich etwa 27 °C herrscht. Nachts kann sie auf 20 °C sinken. Der Bodengrund muss stellenweise feucht sein. Darin vergraben sich die Tiere gerne. Da die Schildkröten auch gerne baden, bietet man ein flaches Wasserbecken an. Die Luftfeuchtigkeit sollte etwa zwischen 70 und 80 % liegen. Die Einrichtung ist täglich leicht zu überbrausen, im Sommer zwei- bis dreimal. Besonders gut kann man die Schildkröte in einem beheizten Treibhaus halten. Weibchen legen pro Gelege zwischen 1–7 Eier, pro Saison insgesamt 12–18 Stück. Die Eier sind kugelig, manchmal auch walzenförmig. Bei Temperaturen von 28–30 °C und 80 % Luftfeuchtigkeit schlüpfen die Jungtiere nach 103–131 Tagen.

Köhlerschildkröte

Jabuti oder Waldschildkröte, *Geochelone denticulata* (LINNAEUS, 1766)

Verbreitung: Nördliches Südamerika.

Kennzeichen: Der oben oft abgeflachte Rückenpanzer ist länglich und hinten nach außen gebogen. Die Tiere sind mehr bräunlich gefärbt und haben im Zentrum der Wirbelschilder ein gelbliches Feld. Kopf- und Gliedmaßen können gelblich bis orange gefärbt sein.

Panzer: Bis 50 cm, manchmal noch größer.

Terrarienlänge: PL×8

Lebensraum und Lebensweise: Ihre Heimat sind die subtropischen Regenwälder und die daran angrenzenden Savannen. Vor allem in der Regenzeit sind die Schildkröten sehr aktiv.

Haltung und Vermehrung: Großes Tropenterrarium. Die Einrichtung ist vor allem im Sommer täglich öfter zu überbrausen, sonst täglich einmal zu besprühen. Weibchen legen zwischen 3–5, manchmal bis zu 8 Eier pro Gelege. Bei Temperaturen um 28 °C dauert es bis zum Schlupf der Jungtiere 120–140 Tage.

Als Regenwaldbewohner brauchen Waldschildkröten eine Luftfeuchtigkeit von ca. 70 %.

Stachelrand-Gelenkschildkröte, *Kinixys erosa* (SCHWEIGGER, 1812)

Verbreitung: Westafrika, Madagaskar.
Kennzeichen: Ränder des Rückenpanzers gewellt und nach oben gebogen, bei Erwachsenen stachelig wirkend. Kehlschild kräftig und ragt über den Rückenpanzer hinaus. Die Färbung kann zwischen hellbraun bis fast schwarz variieren. In der Mitte sind die Schilder oft gelblich mit unregelmäßigen, sternförmigen Flecken. Haut gelblich. Bauchpanzer dunkelbraun mit gelblichen Linien entlang der Nähte.
Panzer: Bis 32 cm.
Terrarienlänge: PL × 8
Lebensraum und Lebensweise: Marschgebiete, vor allem immergrüne Wälder, sind die bevorzugten Lebensräume. Besonders häufig halten sie sich in der Nähe von Flüssen auf.
Haltung und Vermehrung: Geräumiges Tropenterrarium. Täglich die Einrichtung leicht überbrausen. Weibchen legen gewöhnlich 2–3 Eier pro Gelege. Die Entwicklungsdauer ist etwa gleich mit der Glattrand-Gelenkschildkröte (S. 107).

> **TIPP** Zu ihrem Wohlbefinden sollte man in einer Ecke des Terrariums einen Buchenlaub-Haufen anbieten, in dem sich die Schildkröten gerne verbergen!

Unter dem Kopf sieht man das ausgeprägte Kehlschild der Stachelrand-Gelenkschildkröten.

Stutz-Gelenkschildkröte, *Kinixys homeana* (BELL, 1827)

Verbreitung: Westafrika.

Kennzeichen: Rückenpanzer oben abgeflacht und hinten steil abfallend. Im Nackenbereich tief gekerbt. Im hinteren Bereich ist der mattbraune bis mattschwarze Rückenpanzer beweglich. Jungtiere noch ohne Gelenk und mit stachelig wirkenden Randschildern. Kopf braun oder gelb.

Panzer: Bis 21 cm.

Terrarienlänge: PL × 8

Lebensraum und Lebensweise: Leben in den immergrünen Wäldern des Flachlandes, vor allem in den Randbereichen und Lichtungen der Regenwälder. Die Schildkröten sind sehr scheu und vorwiegend in der Dämmerung aktiv. Bei Niederschlägen unternehmen sie häufig Wanderungen.

Haltung und Vermehrung: Tropenterrarium. Einrichtung täglich leicht besprühen. Die Weibchen legen pro Gelege zwischen 2–3 Eier. Bei Temperaturen zwischen 27–32 °C schlüpfen die Jungtiere nach 119–127 Tagen.

Stutz-Gelenkschildkröten baden gerne und brauchen ein größeres Wasserbecken.

Hinterindische Landschildkröte, *Manouria impressa* (GUNTHER, 1882)

Verbreitung: Hinterindien bis Maliische Halbinsel.

Kennzeichen: Rückenpanzer in der Region der Wirbelschilder stark abgeflacht. Randschilder vorne und hinten nach
außen gebogen und gesägt. Rückenpanzer mattbraun bis
gelb, manchmal mit einigen dunklen Flecken oder schwarzen
Rändern. Randschilder meist heller als die übrigen. Bauchpanzer gelbbraun mit dunkelbraunen Flecken.

Panzer: Bis 27 cm.

Terrarienlänge: PL×6

Lebensraum und Lebensweise: Geräumiges Tropenterrarium mit Buchenlaub-Haufen als Versteckmöglichkeit. Diese
Waldbewohner der Hügel- und Bergregionen bevorzugen
trockene Bereiche und sind vor allem in der Dämmerung aktiv.

Haltung und Vermehrung: Die Weibchen können in eine
Nistgrube zwischen 15–20 Eier legen. Obwohl sie immer wieder einmal im Zoohandel angeboten werden, sind keine Ver-
mehrungserfolge im Terrarium bekannt.

*Hinterindische Land-
schildkröten haben kräf-
tig beschuppte Beine und
einen hellen Kopf.*

117

Kinder Spezial

Wo leben eigentlich die Landschildkröten?

In der Heimat aller Landschildkröten ist es viel wärmer als bei uns, auch im Frühjahr und im Herbst. Die Tiere lassen sich gerne mal morgens oder abends die Sonne auf den Panzer scheinen. Schildkröten brauchen die Wärme von außen, weil ihr Körper selbst keine Wärme erzeugt.

Einige Landschildkröten leben sogar in wüstenartigen Gebieten. Dort wird es ihnen allerdings manchmal zu heiß. Sie graben sich dann lange Gänge in den Sand und verkriechen sich dort, weil es da unten etwas kühler ist.

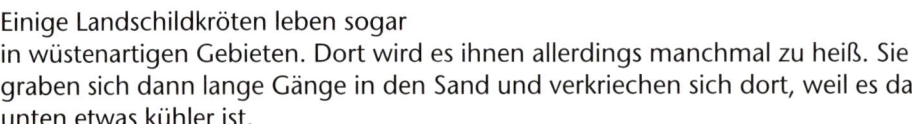

Andere Landschildkröten leben in Südamerika oder Afrika auf Lichtungen oder am Rande von Urwäldern.

Auf einigen weit entfernten Inseln, den Galapagos-Inseln im Stillen Ozean und den Seychellen im Indischen Ozean, leben noch Riesenschildkröten.

Griechische und Maurische Landschildkröten sind in den Ländern rund um das Mittelmeer zuhause. Vielleicht triffst du mal eine, wenn du dort Ferien machst. Schau sie dir an, aber lass sie an ihrem Platz und nimm sie keinesfalls mit.

Was du über den Umgang mit Landschildkröten wissen musst

Kinder Spezial

Wenn den Tieren etwas unheimlich vorkommt oder sie einen Feind wittern, dann ziehen sie sofort ihren Kopf und ihre Beine ein und verstecken sich unter ihrem Panzer.

Auch Landschildkröten laufen manchmal zum Trinken an eine Wasserstelle. Da die meisten von ihnen aber nicht schwimmen können, darf ihr »Swimming-Pool« in ihrem Gehege im Garten nur halb so tief sein, wie die Schildkröte hoch ist.

SCHWUPP!

Wenn jemand deine Landschildkröte hochhebt, den sie nicht so gut kennt wie dich, wird sie oft ganz ängstlich und entleert vor lauter Angst ihren Darm und ihre Blase. Sie macht sich sozusagen vor Angst in die Hose. Sag deinen Freunden, dass sie das Tier anschauen, aber nicht anfassen dürfen.

GRRR...

Eine Landschildkröte ist kein Spielzeug, sondern ein Lebewesen, das du respektieren musst.

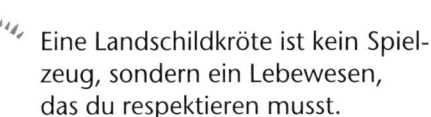

Kinder Spezial

Was deine Landschildkröte besonders gerne mag

Viele Landschildkröten fressen sehr gerne die gelben Blüten von Löwenzahn und die weißen von Gänseblümchen und auch die Blätter. Falls ihr keinen Garten habt, kannst du auf einer Wiese die Blumen pflücken und sie deiner Schildkröte geben. Die Wiese darf nicht neben einer Straße sein, auf der viele Autos fahren.

In der freien Natur kriechen Landschildkröten bei kaltem Wetter oder abends in ihre Höhle oder einen anderen Unterschlupf. Sie brauchen auch in ihrem Terrarium oder im Freigehege ein Häuschen, in das sie gerade so hineinpassen.

Landschildkröten, die in sehr heißen Gebieten leben, freuen sich, wenn es mal regnet. Denn danach wachsen und blühen all die Pflanzen, die sie so gerne fressen.

Landschildkröten freuen sich ab und an über ein Bad. Alle 3 bis 4 Wochen kannst du sie in eine Schüssel mit nur wenige Zentimeter tiefem, handwarmen Wasser setzen. Sie werden darin baden, ausgiebig trinken und auch manchmal ihren Kot absetzen.

Was deine Landschildkröte nicht leiden kann

Sie können es nicht leiden, wenn ihr Terrarium zu klein ist, weil sie gerne herumlaufen und sich auch bewegen müssen.

Landschildkröten stammen zwar aus warmen Ländern, aber sie mögen es nicht, wenn ihnen die Sonne den ganzen Tag auf den Panzer scheint und sie in ihrem Gartengehege kein schattiges Plätzchen finden.

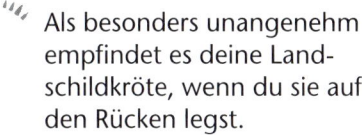

Als besonders unangenehm empfindet es deine Landschildkröte, wenn du sie auf den Rücken legst.

NICHT SCHON WIEDER SALAT...

Es gefällt deiner Landschildkröte nicht, wenn du ihr immer das gleiche Futter anbietest. Gib ihr etwas von dem frischen Gemüse, das deine Mutter für euch kocht.

121

Kinder Spezial

So hilfst Du bei der Pflege der Landschildkröten

Landschildkröten mögen nicht im Schmutz leben. Zieh dir aber vorher Gummihandschuhe an, wenn du bei der Reinigung des Terrariums hilfst.

Ihr Trinknapf muss jeden Tag ausgeleert, gesäubert und mit frischem Wasser gefüllt werden.

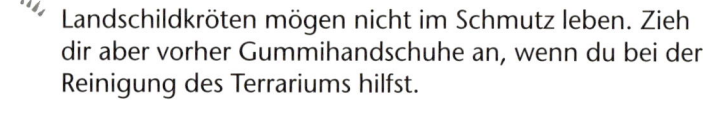

Entferne abends das übrig gebliebene Futter. An gammeligen Sachen können sich die Landschildkröten den Magen verderben.

Achte darauf, dass die Einzäunung rund um das Freilandterrarium überall dicht ist. Viele Landschildkröten können prima buddeln und graben sich einen Weg ins Freie.

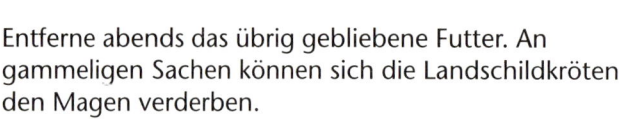

Bereite ihnen neues Futter vor und gib es an den Futterplatz. Manchmal gewöhnen sich Landschildkröten so sehr an die Menschen, die sie pflegen, dass sie ihnen aus der Hand fressen. Versuche es doch mal.

Wenn Landschildkröten Junge haben ...

Landschildkröten sind Reptilien und keine Säugetiere. Sie bringen keine lebenden Jungen zur Welt sondern legen Eier. Sie sind aber auch keine Vögel.

Einige Wochen nach der Paarung will das Weibchen ihre Eier legen. Sie mag dabei nicht gestört werden und findet es gar nicht gut, wenn ihr andere Schildkröten zu nahe kommen.

Mit den Hinterbeinen gräbt das Weibchen ein Loch in die Erde und legt ihre Eier in dieses »Nest«. Wenn sie fertig ist, schaufelt sie die Erde wieder darüber und geht weg – ohne die Eier gesehen zu haben.

Nach vielen Wochen schlüpfen aus den Eiern kleine Schildkröten und graben sich nach oben. Sie sind vom ersten Tag ihres Lebens auf sich selbst gestellt. Vielleicht läuft ihnen ihre Mutter oder ihr Vater mal über den Weg. Aber die Kinder und die Eltern erkennen sich nicht.

Serviceseiten

Wichtige Adressen

DEUTSCHLAND
Deutsche Gesellschaft für
Herpetologie und Terra-
rienkunde (DGHT) e. V.
Geschäftsstelle:
Wormersdorfer Str. 46 – 48
53359 Rheinbach
Postanschrift:
Postfach 14 21
53351 Rheinbach
Tel. 0 22 25/70 33 33
Fax 0 22 25/70 33 38
E-Mail: gs@dght.de

ÖSTERREICH
Österreichische Gesell-
schaft für Herpetologie
c/o Naturhistorisches
Museum
Burgring 7
A-1014 Wien
Tel./Fax: 01/5 21 77 – 286

Schildkrötenfreunde
Österreichs, Verein für
Schildkrötenforschung
und Terraristik
Dr. Harald Artner
Maria-Ponsee 32
A-3454 Sitzenberg-
Reitling
Fax 0 22 76/61 04

Fachzeitschriften

»elapha«
Herausgeber: DGHT

»herpetofauna«
herpetofauna-
Verlags GmbH
Postfach 11 10
D-71365 Weinstadt

»Salamandra«
Zeitschrift für Herpeto-
logie und Terrarienkunde
Herausgeber: DGHT

»Sauria, Terraristik
und Herpetologie«
Zeitschrift der Terrarien-
gemeinschaft Berlin e. V.
c/o Wolfgang Grossmann
Wulfila-Ufer 3
D-12105 Berlin

Weiterführende Literatur

Gutachten über Mindest-
anforderungen an die
Haltung von Reptilien vom
10. Januar 1997
Herausgeber:
Bundesministerium für
Ernährung, Landwirtschaft
und Forsten

Nöllert, Andreas
Schildkröten
Landbuch-Verlag, 1992

Obst, F. J., Richter, K. &
Jacob, U.
Lexikon der Terraristik
und Herpetologie
Landbuch-Verlag, 1984

Rogner, Manfred
Schildkröten 2
Heiro-Verlag, 1996

Rudolff, H.-W.
Schildkröten
Urania-Verlag, 1990

Ullrich, Werner
Terrarium, Einrichtung –
Tier – Pflanzen
FALKEN Verlag, 1997

Iverson, J. B.
Revised Checklist with
Distribution Maps of the
Turtles of the World
Richmond, Indiana/
USA, Privatly Printed 1992

Ernst, C. & Barbour, R.
Turtles of the World
Smithsonia Inst. Press.,
Wahington D. C., 1989

Highfield, A. C.
Keeping and Breeding
Tortoises in Captivity
A & P Publishing, Portis-
head, 1990

Swingland, I. R. &
Klemens, M. W. (ed)
The conservation biology
of tortoises
Occasional Papers of the
I.U.C.N. Species Survival
Commission (SSC), No 5,
IUCN, Gland, 1989

Sie finden uns im Internet unter www.falken.de

Dieses Buch wurde auf chlorfrei gebleichtem und säure-
freiem Papier gedruckt.

Der Text dieses Buches entspricht den Regeln der neuen
deutschen Rechtschreibung.

ISBN 3 8068 2359 6

TITELBILD: Reinhard-Tierfoto, Heiligkreuzsteinach-Eiterbach
UMSCHLAGRÜCKSEITE: Heiro Bildagentur, Hürtgenwald
FOTOS: Wolfgang Redeleit, Bienenbüttel: S. 45, 78/79,
   81, 82; Reinhard-Tierfoto, Heiligkreuzsteinach-Eiter-
   bach: S. U 2/S. 1, 39, 43, 71, 90/91, 93, 96, 112, 113;
   alle anderen Fotos: Heiro Bildagentur, Hürtgenwald
ZEICHNUNGEN: Ushie Farkas-Dorner, Plouray/Frankreich:
   S. 85; Manfred Lindner, Mainz: S. 6, 7, 11, 40, 47, 54,
   55, 56, 59, 62, 69, 84; Eva Wagendristel, Berlin (Kinder
   Spezial)

Druck: Appl, Wemding

817 2635 4453 6271

Register

Pflegefehler –

und wie man sie vermeidet

Sie halten eine einzelne Landschildkröte

- Das Tier langweilt sich und kann nicht alle seine Verhaltensmuster ausleben.

> - Schaffen Sie sich unbedingt weitere Schildkröten an, am besten eine Gruppe aus einem Männchen und 2–3 Weibchen.
> - Halten Sie nur ein Pärchen, dann kommt das Weibchen nicht zur Ruhe und wird ständig von dem Männchen verfolgt.

Die Landschildkröten stolpern übereinander

- Schildkröten benutzen gerne Wege, die an der Begrenzung ihres Terrariums entlang führen. Sie begegnen sich ständig auf ihren Wanderungen und müssen übereinander hinweg klettern.

> - Die Grundfläche ist zu klein oder die Einrichtung falsch. Verlängern Sie durch Hindernisse (z. B. Steine, Äste und Pflanzenkübel) die Wege, damit sich die Schildkröten nicht so oft begegnen.

Die Landschildkröten sind zu fett und träge

- An den Panzeröffnungen quillt Weichteilmasse hervor.

> - Reduzieren Sie das Futter und geben Sie den Tieren ein- oder zweimal in der Woche nur Obst (z. B. Äpfel, Birnen und Melone). Sorgen Sie dafür, dass die Tiere das Futter suchen müssen, damit sie sich mehr bewegen.

Die Landschildkröten sind nicht sehr aktiv

- Die Tiere sitzen die meiste Zeit in ihrem Zimmerterrarium oder in der Freianlage im Unterschlupf oder haben sich eingegraben.

> - Prüfen Sie die Temperatur. Vielleicht ist es den Tieren zu kalt oder sie bereiten sich schon auf die Winterruhe vor.